该研究得到以下资助：

中国社会科学院创新工程“中国周边命运共同体研究

韩国学中央研究院2010年研究项目(AKS-2010-ACB-2

中韩人文交流

现状、意义与问题

王晓玲\金都姬·著

时事出版社

图书在版编目（CIP）数据

中韩人文交流：现状、意义与问题/王晓玲，金都姬著. —北京：时事出版社，2015. 10

ISBN 978-7-80232-872-3

Ⅰ. ①中…　Ⅱ. ①王…②金…　Ⅲ. ①文化交流—研究—中国、韩国　Ⅳ. ①G125

中国版本图书馆 CIP 数据核字（2015）第 190862 号

出版发行：时事出版社
地　　址：北京市海淀区万寿寺甲 2 号
邮　　编：100081
发行热线：（010）88547590　88547591
读者服务部：（010）88547595
传　　真：（010）88547592
电子邮箱：shishichubanshe@ sina. com
网　　址：www. shishishe. com
印　　刷：北京昌平百善印刷厂

开本：787 × 1092　1/16　印张：12. 75　字数：170 千字
2015 年 10 月第 1 版　2015 年 10 月第 1 次印刷
定价：55. 00 元

引言

中韩两国民众比邻而居，自古以来人文交流绵延不断，促进了两国文化与经济的共同繁荣。19世纪末，西方以及日本殖民帝国先后入侵，打破了东北亚地区的秩序，中国与朝鲜半岛都进入了一段黑暗屈辱的历史时期。20世纪初，朝鲜半岛沦为日本殖民地，中国也走上了艰苦的反封建反殖民道路。在这一过程中，中国与朝鲜半岛之间正常的人文交流中断，但两国民众都投入到反对日本殖民者的斗争中。在沦为日本殖民地后，朝鲜半岛的一部分抗日力量转移到中国。在上海，朝鲜独立运动家建立的“大韩民国临时政府”得到了中国的支持；在东北地区，大量朝鲜青年加入中国的抗日武装队伍。1945年，日本投降，中国进入了共产党领导的解放战争时期，朝鲜半岛则成为社会主义和资本主义两大阵营对峙的最前方。新中国成立不久，朝鲜战争爆发，中国也卷入其中，与“三八线”以南的韩国成为敌国。朝鲜战争结束后，中国与韩国被冷战的铁幕隔断，两国的人文交流也随之消失。20世纪60年代末，韩国国内政局趋于稳定，并且走上了经济高速发展的道路。70年代末，中国也走上了改革开放、发展经济的道路，中韩两国的发展轨迹又出现了交集，共同的发展诉求为两国带来了合作的契机。到了80年代，韩国已经跻身中等发达国家，同时完成了政治民主改革，赢得了全世界的瞩目。因为“汉江奇迹”而充满自信的韩国积极寻求更广阔、更独立的世界舞台。而此时，中国也在改革开放的道路上积极探索，对中韩经济合作非常感兴趣。加之全球范围内的冷战体系瓦解，中韩两国的合作可谓水到渠成。1992年，中韩正式建立外交关系，两国人文交流的大门从此重新开启。

中韩建交以来，两国在各领域的合作都发展迅速。在经济领域里，中韩由于互补性强，很快就成为密不可分的经济伙伴。在合作初期，中国从韩国学到了经济发展经验，引进了投资。韩国企业在中国获取了廉价劳动力，产业升级得以平缓进行。进入21世纪以来，中国作为消费市场的重要性日益明显，韩国企业进一步在中国市场上深耕细作，中韩两国的产业合作更加紧密。2013年，中韩双边贸易总额已经超过2700亿美元。对韩国而言，中国是最大的贸易伙伴、最大的出口市场、最大的进口来源国、最大的海外投资对象国，中韩贸易额超过了韩美、韩日、韩欧贸易额的总和，① 对华出口对韩国GDP的贡献度是对美出口的两倍。② 韩国经济对中国的依存度远远超过了对其同盟国美国的依存度。对中国而言，韩国在2014年超过日本成为中国的第二大贸易伙伴国，韩国还是中国重要的投资来源国。中韩经济合作发展的强劲势头推动了合作机制的建设。2014年，中韩签署了自由贸易协定，开始了货币直接兑换，今后中韩经济合作的道路将因此而变得更加宽广平坦。中韩经济合作的广度和深度为两国在各个领域里的合作定下了积极的主旋律。在政治外交领域里，中韩历代领导人都非常重视发展两国关系，中韩两国关系已经发展为战略合作伙伴，两国的很多政府部门之间也都建立起了沟通合作的通道。中韩地方

① 中韩建交以来，韩国对华贸易顺差迅速扩大。中国海关的统计显示，1992年韩国对华贸易逆差为2.2亿美元，但是到了2013年，韩国对华贸易顺差已经达到920亿美元。

② LG经济研究院：《通过附加值看对外依存度》，http：//www.lgeri.com 2013－3－26。

政府之间的交流也非常活跃，两国之间的友好省（道）市已经增长至154对。[①] 在安保问题上，意识形态差异带来的障碍虽然一时难以跨越，但中韩两国都希望维护东北亚地区和平，希望和平解决朝鲜半岛问题，为了实现这些目标，两国保持着紧密合作。总的来看，中韩两国之间虽然在“脱北者”、“海洋专属经济区”等问题上存在一些分歧，但政府以及民间社会都清楚地认识到两国合作为各自带来的利益，能够谨慎处理分歧，使得双边关系的发展一直以来都非常顺利。

与经济、政治和安保领域的合作相比，中韩在人文领域的交流既是亮点也是难点。中韩建交后，人文交流规模增长之迅速令人惊叹。中韩之间的很多宗教团体、非政府组织、学校、医院、文化团体之间都建立起了长期交流合作机制。对普通中国人而言，韩国是最熟悉的一个国家；而对普通韩国人而言，中国也是他们最熟悉也最为关注的一个国家。中韩两国互为第一大留学生来源国和第一大海外游客来源国，企业、政府、民间团体等各个层次各个领域里的人员往来非常频繁。2013年，访华韩国人为370万人次，超过了韩国总人口的7%。有调查显示，建交以来来过中国的韩国人约占韩国总人口的三分之一。2014年，访韩中国人达到571万人次，在只有5000万人口的韩国，中国游客在主要商业区和观光地随处可见，韩国商人说汉语的现象司空见惯。在中国，“韩流”文化流行20年而不衰，不仅在中国流行文化中站稳了一席之地，而且潜移默化地改变着中国人的审美情趣。在韩国，越来越多的人希望在中国相关领域里寻找个人发展机会。“汉语热”在韩国持续升级，韩国多年来都是“汉语水平考试”最大的海外考场，2014年

① 中国国际友好城市联合会，http：//www. cifca. org. cn/Web/WordGuanXiBiao. aspx。

报名参考的韩国人超过10万人。可以说，越来越多的韩国人的梦想已经与中国的发展紧紧联结在一起。

迅速增长的人文交流常常被两国的官员和学者称作是中韩双边关系发展的基石和未来保障。但是，如果认真观察两国之间的人文交流，不难发现中韩民众间的相互好感度并没有随着国家间关系的升级而上升，没有随着两国人文交流规模的扩大而上升。“皮尤中心”（PEW RESEARCH）的调查结果显示，韩国人的中国好感度在全球属于排名最后的几个国家之一。韩国学者分析多年来韩国各种机构的相关调查结果发现，韩国人对中国的好感在2003年前后迅速下降，至今仍维持在较低的水平。[①] 笔者针对两国民众相互认知的调查则发现，韩国人对中国的好感度低于对美和对日好感度，中国人对韩国的好感度虽然比对日好感度高，但随着中国人对韩国了解的增加，中国人的对韩好感度明显降低。

经济以及政治领域的合作未能强化两国民众间的相互信任，频繁的人文交流也未能带来两国民众相互好感的提升，这说明人文交流的发展有其特有的规律。韦伯把社会行为分为四类：目的—工具合理性行为、价值合理性行为、情感行为以及传统行为。与人文交流相比，政治、安保、经济领域里的互动更加理性，因为这些领域里的行为主体主要是政府、军队、大企业，这些组织拥有垂直官僚结构，收集信息能力强，由精英进行决策，决策时立足于本领域的宏观长远利益。尽管也会受

---

① 韩国学者郑在浩对1997年至2010年间韩国国内不同机构实施的32次民意调查进行分析后得出结论，“高句丽历史争端”之前实施的民意调查中90%的回答都对中国持友好态度，但“高句丽历史争端”被舆论化后，2004年下半年之后开始的调查中只有18%的被访者对中国持有好感（《中国的崛起与韩半岛的未来》，首尔大学出版文化院，2011年9月，第367页）。

到一些暂时性、感性因素的干扰，但其行为基本遵循目的—工具合理性。人文交流领域里的行为主体非常多样，有企业、媒体、非政府组织乃至普通人。这些行为体有各自的利益诉求和价值观，在互动过程中掌握相关信息不充分，也没有明确的责任意识。因此人文交流中的互动存在更多的情感行为、习惯性行为以及受各种价值观影响的行为，缺乏理性，容易偏离两国民众的总体利益诉求。人文交流固然受到国家间政治关系、军事关系和经济关系的影响，但要解释人文交流与国家间政治、军事、经济合作发展不同步的现象，就要理解人文交流中的“非理性因素”，而这需要从中韩两国的历史文化背景、民族性、特定时期的社会心理以及中韩交流中的重要事件中去寻找。为此，我们需要认真回顾中韩人文交流的发展过程，寻找中韩人文交流的规律和影响因素，思考人文交流的价值和目标。

从上述问题意识出发，本研究旨在回顾中韩建交后两国人文交流的发展历史、现状以及存在的问题，分析中韩人文交流的特点、影响因素以及意义所在，并在此基础上为中韩人文交流的健康发展提出建议。

本书分为四章，第一章回顾中韩人文交流的现状与发展趋势；第二章思考中韩人文交流不同领域的意义与问题；第三章分析中韩人文交流对两国民众间相互认识产生的影响；第四章分析中韩人文交流中的难题。

目录

第一章 中韩人文交流的现状与发展趋势…………………（1）
第一节 中韩政府间的人文交流机制…………………（1）
第二节 中韩之间的人员交流 ……………………（14）
第三节 中韩之间的学术交流 ……………………（36）
第四节 中韩之间的文化艺术交流 ………………（50）

第二章 中韩人文交流的意义以及存在的问题 …………（62）
第一节 中韩观光交流的意义以及存在的问题 ………（62）
第二节 中韩留学生交流的意义以及存在的问题 ……（64）
第三节 中韩劳动力流动的意义以及存在的问题 ……（67）
第四节 中韩学术交流的意义以及存在的问题 ………（72）
第五节 中韩文化交流的意义以及存在的问题 ………（77）

第三章 中韩人文交流对民众间相互认识的影响 ………（82）
第一节 中韩民众之间的相互认识 ………………（83）
第二节 人员交流对中韩民众间相互认识的影响 ……（99）
第三节 “韩流”对中国人“韩国观”的影响 ……（109）
第四节 媒体报道对中韩民众相互认识的影响………（116）

第四章　中韩人文交流中的难点……………………（128）
第一节　中韩民众之间的相互好感度…………………（128）
第二节　政治体制差异引发的信任缺失………………（130）
第三节　历史观差异引发的民族主义对抗……………（131）

结论　中韩文化交流面临的课题以及未来展望…………（135）

附录一　中韩政府联合公报……………………………（144）

附录二　重要文化协定…………………………………（172）

参考文献…………………………………………………（183）

第一章

中韩人文交流的现状与发展趋势

本章将从政府和民间两个层面，人员和文化交流两个领域来回顾中韩人文交流的历程，分四节进行梳理：第一节总结中韩政府间的人文交流机制，这些人文交流机制既是推动民间人文交流的保障也是民间人文交流发展的结果；第二节总结中韩民间人员交流的现状与发展趋势；第三节总结中韩学术交流的现状与发展趋势，学术交流虽然属于民间交流，但学术研究成果却对政府政策的制定起到参考和咨询的作用，同时对民间交流起到引导作用；第四节总结中韩之间的文化艺术交流，并将分为政府推动的文化交流活动和民间文化交流两部分来进行叙述。

第一节　中韩政府间的人文交流机制

中韩两国存在着意识形态上的差异，但文化基因却具有很强的亲缘性。韩国是美国在东北亚重要的军事同盟国，现阶段中韩两国在安全合作领域里存在难以逾越的瓶颈，但是两国经济合作紧密、地理临近，民间交流非常活跃。人文交流是中韩关系中较容易推动的领域，而且通过人文交流扩大相互了解、增进相互好感，这也是增进互信，化解政治、安保合作中的相互怀疑的一条路线。在这样的背景下，中韩两国政府自建交以来一直致力于推动两国间人文交流，为此达成了一系列协议，并在推动人文交流的过程中设立了很多常设机构。这些协议一方面推动了中韩两国的民间人文交流，反映了两国政府发展民间关系、为中韩关系长远发展奠定坚实基础的意愿，另一方面也顺应了民间交流的需求，是中韩人文交流发展的里程碑。

一、中韩政府间的人文交流协议

中韩建交以来，在两国领导人发布的历次联合公报中，与人文交流相关的内容都占据了较多的篇幅。（参见附录一）1994 年 3 月韩国总统金泳三访华时，中韩两国政府签署了《大韩民国政府与中华人民共和国政府间文化合作协定》（参见附录二），这一《协定》成为中韩人文交流的基础。《协定》提出要促进两国在教育、科学、文化艺术、新闻、广播、电影、电视、出版、青少年和体育领域的交流与合作，并由两国政府共同成立"混合文化共同委员会"，该委员会每两年轮流在中国和韩国召开一次会议，商讨执行本协定的有关事宜，并为推动本协定的有效实施提出新的建议。

1998 年韩国总统金大中访华，中韩两国领导人发表了联合公报。其中的第 10 条指出，两国政府要增进国民之间的相互理解、开展多种民间交流。两国政府决定成立"文化共同委员会"，派外交部局长级官员作为文化共同委员会的首席代表，每 3 年轮流召开一次中韩文化共同委员会会议，对前 3 年文化交流计划的执行情况进行回顾，讨论此后 3 年间新的文化交流计划，并签署《文化交流计划书》。

2003 年，韩国总统卢武铉访华，中韩两国领导人签署了《联合声明》，在《联合声明》中肯定了“2002 中韩交流年”活动所取得的成果，并决定加强两国文化交流及文化产业合作，进一步扩大两国教育、体育、新闻等领域和友好团体、青少年以及两国友好省市之间的交流，巩固两国人民友好合作的基础。双方一致同意扩大两国航空合作，逐步推进航空自由化，以适应两国间人员往来迅速增长的需求。双方同意加强在领事、司法领域的合作，开展双方执法部门之间的磋商和人员交流，为两国人员的正常往来提供法律保障。双方决定在中国成都设立韩国总领事馆，为两国关系的发展和扩大两国间的交流与合作做出贡献。

2005 年，胡锦涛主席访韩，中韩两国领导人发表了《联合声明》，肯定了 2003 年中韩《联合声明》的实际执行成果。《声明》再次强调要进一步扩大两国文化、教育、旅游、体育、新闻等领域的交流，扩大两国友好团体、友好省市之间的交流，不断巩固两国人民友好合作的基础，并将 2007 年定为“中韩交流年”，以此为契机举办更多的民间交流活动，以增进民众相互了解。中韩双方共同认识到青少年交流对两国关系未来发展的重要性，并决定根据《中韩青少年交流协议》，进一步活跃两国之间的青少年交流。[①] 因此，中方宣布从 2006 年起每年增加邀请 100 名韩国青年访华，韩方每年邀请 500 名中国青年访韩。两国首脑积极评价了《2005—2007 年度中韩文化交流计划》，决定定期互派文化领域的专家、演艺人员及相关

① 胡锦涛主席关于强化两国青年交流的国会演说（2005 年 11 月 7 日）《强化友好合作，共创美好未来》，在演说中描绘出进一步发展两国全面战略合作伙伴关系的长期蓝图，其中提到两国青年的交流。

公务员，促进双方的学术交流和文化产业合作。两国首脑宣布分别在中国西安设立总领事馆、在韩国光州设立领事办公室，进一步为两国国民间的交流提供便利。

2008年韩国总统李明博访华，中韩双方发表了《联合声明》，再次指出中韩双方需要进一步强化人员往来、文化交流，逐步扩大相互邀请青少年的规模，开展多种多样的交流项目。双方决定将积极简化签证手续，扩大两国人员往来。为此，韩国在武汉设立了总领事馆。为了增进中韩两国国民间的相互理解，两国首脑还宣布将积极支持两国学术机构开展历史、文化等领域的交流。在这次首脑会晤中签署的人文交流方面的协议有《中国科技部与韩国教育科技部极地科学技术合作谅解备忘录》、《中韩学位学历互认谅解备忘录》等。

2008年胡锦涛主席访韩，中韩双方发表了《联合声明》，再次强调要深化互利合作，促进人文交流，简化签证手续，进一步扩大人员交流规模。两国领导人将2010年定为“中国访问年”，将2012年定为“韩国访问年”，并宣布中国驻光州的领事办公室升格为总领事馆。两国首脑修改并通过了《韩中教育交流协定》，增加了互换政府奖学金生名额，并决定通过每年邀请青少年互访来推动青少年交流。两国首脑宣布要进一步推动两国文化界、新闻媒体、友好城市、学术界的交流，推动民间团体之间的交流，支持两国民间团体在文化和新闻媒体领域里开展交流活动。

2013年，韩国总统朴槿惠访华，中韩首脑发表了《面向未来联合声明》，在这一《声明》中指出人文交流已经成为中韩交流的新趋势，并宣布两国政府将继续积极推进两国在学术、青少年、传统艺术、旅游、文化、体育等多种人文领域的交流合作，进一步促进两国公共外交领域的合作和各种形式的文化交流。中韩双方决定设立“中韩人文交流共同委员会”，作为推动人文交流的协调机构。中韩人文交流共同委员会的专家来自两国外交部、文化部、教育部等各个领域，每年举行一次会议，共同商讨两国之间的人文交流事宜，并监督指导相关人文交流项目的实施情况。两国元首商定将中韩人文交流共同委员会打造成为加强两国人文纽带的重要平台，并公布了《2014 年中韩人文交流共同委员会交流合作项目名录》，其内容包括青少年交流、政府互换奖学金、传统艺术体验、地方省市交流等 19 个交流合作项目。[①]

2014 年，习近平主席访韩，中韩首脑发表了《联合声明》，这次的《联合声明》指出中韩应该进一步活跃“人文纽带”项目、增进公共外交领域合作、加强教育文化交流等。这一《联合声明》第一次强调要推动两国之间的“双向交流”，要进行两国国民“可直接感知的人文交流”，以此增进两国民众之间的相互认同和相互信任。

二、中韩政府间的教育与青少年交流合作

中韩两国政府在人文交流中尤其注重推动青少年交流，两国的教育界、地方政府也积极参与其中。在过去的 20 多年里，中韩教育合作发展迅速，青少年交流项目也越来越丰富多样。

中韩两国教育部在 1995 年第一次签署了《中华人民共和国教育部与大韩民国教育部教育交流与合作协议》。协议提出，

① 中华人民共和国外交部亚洲司编：《中韩建交 20 周年——中韩重要演讲文稿集》，世界知识出版社 2012 年版，第 15 页。

两国政府每年各自派出 6 名以内的代表团、5 名以内的教授专家团访问对方国家，选拔 40 名以内的奖学金生赴对方国家学习，并准备在中国实施“韩国语能力考试”、在韩国实施“汉语水平考试”。1998 年两国政府签署了《1998—2000 年教育交流与合作协议》以及《中韩两国政府青少年交流谅解备忘录》，2001 年签署了《2001—2003 年教育交流与合作协议》，2004 年签署了《2004—2006 年教育交流与合作协议》。2008 年 8 月，中国国家主席胡锦涛访问韩国时与韩国续签了《2008—2010 年教育交流协议》，就“设置中韩大学校长论坛及职业教育论坛”、“推动双方教育界高层代表团互访”、“推动两国中学生交流”等内容达成了一致。2012 年 5 月第五届亚太经合组织教育部长会议期间，中韩两国的教育部长签署了《中韩 2012—2014 年教育交流与合作协议》，双方一致表示将认真组织实施好“亚洲校园”项目。为落实两国政府间的教育交流协议，两国教育部从 2005 年起进行不定期的部长会晤，并于 2008 年把不定期会晤改为每两年一次的定期会晤。

除了定期更新《教育交流与合作协议》之外，2008 年 5 月，中韩两国签署了《中韩学位学历互认谅解备忘录》，这一《备忘录》为两国间的留学生交流提供了基本制度保障。《备忘录》的主要内容包括：“韩国完全承认来韩留学中国人的高中学历，正在中国上大学或者已经取得学位者可以在韩国高校的本科班插班入学。正在中国攻读学士、硕士以及博士学位者可以报考韩国硕士班和博士班，可以插班进入韩国的硕士、博士班。”[①] 除了这些政府级协议之外，中国国家留学基

① 张雷生、安玉祥、刘渤：《中韩两国教育交流与合作评述（1992—2012）》，载《外国教育研究》，2012 年第 8 期，第 3—5 页。

金管理委员会与韩国国立国际教育院、中国教育部下属的国家教育发展研究中心与韩国的教育开发院、中国的国家教育发展研究中心与韩国的开发研究院国际政策大学院也签订了人员互换及教育交流协议，为中韩教育合作开辟了多种交流渠道。①

中日韩三国共同参与的教育合作机制也非常活跃。2012 年 5 月，中国国务院总理温家宝、韩国总统李明博、日本首相野田佳彦共同启动了“亚洲校园”项目，“亚洲校园”全称为“亚洲大学生集体行动交流计划”，这一项目旨在通过三国高等院校共同参与的各种形式的交流活动来促进三方合作、增进三国学生之间的相互了解、增强亚洲高校的竞争力，为亚洲培养更多的杰出人才。“亚洲校园”项目的首批 10 个试点项目涉及中日韩三国共 26 所知名高校，这 10 个项目分别为：（1）“BEST（北京—首尔—东京）商学院联盟—亚洲商业领袖项目”（中国北京大学、日本一桥大学、韩国首尔国立大学）；（2）“国际关系及公共政策双硕士学位项目”（中国北京大学、日本东京大学、韩国首尔国立大学）；（3）“东北亚政策研究联合会项目”（中国清华大学、日本政策研究大学院大学、韩国发展研究所公共政策与管理学院）；（4）“TKT 亚洲校园项目”（中国清华大学、日本东京工业大学、韩国技术院）；（5）“核心人才培养项目：东亚地区共同利益的实现及传统文化的重视”（中国吉林大学、日本冈山大学、韩国成均馆大学）；（6）“培养东亚地区具有法律政治理念共识，能够推动东亚共同体法制形成与发展的人才项目”（中国人民大学、清华大学

---

① 施晓光：《中韩两国教育交流与合作的实态分析》，载《外国教育研究》，2007 年第 8 期，第 31—35 页。

和上海交通大学，日本名古屋大学，韩国成均馆大学和首尔国立大学）；（7）“可持续社会的亚洲教育合作门户项目——扩展化学、材料科学和技术的前沿”（中国南京大学和上海交通大学，日本名古屋大学和东北大学，韩国首尔国立大学和浦项工科大学）；（8）“中日韩能源与环境领域研究生教育合作计划”（中国上海交通大学、日本九州大学、韩国釜山国立大学）；（9）“东亚地区公共危机管理人才联合培养计划”（中国复旦大学、日本神户大学、韩国高丽大学）；（10）“中日韩三方联合培养东亚地区跨世代人文精英流动校园工程”（中国广东外语外贸大学、日本立命馆大学、韩国东西大学）。[①] 2013年8月，中日韩大学交流合作促进委员会第四次会议达成了进一步扩大“亚洲校园”项目和为保证“亚洲校园”的质量而对试点项目进行监控的共识。2015年4月，中日韩大学交流合作促进委员会第五次会议在上海交通大学召开，委员会决定将通过共同努力把“亚洲校园”打造成亚太区域高质量的学生流动示范项目。

中韩两国的很多民间机构也在政府指导下长期合作开展青少年交流项目，其中互访类项目占多数。例如中国人民对外友好协会与韩国国际交流财团于2009年共同发起了中韩青年友好互访活动，通过第1期的5年合作，已经吸引了近2000名中韩青年公务员和大学生代表参加活动。2013年底，中韩双方又签署了《2014—2019年中国人民对外友好协会与韩国国际交流财团共同开展青年交流项目协议》，启动了第二个五年交流计划。除了互访之外，中韩两国还持续举办一系列面向青少

① 《“亚洲校园”试点项目评审结果正式公布》，中国学位与研究生教育信息网，2011年11月11日，上网时间：2014年12月3日。

年的文化盛会。例如“IEF 国际青年嘉年华”（International E - Road Festival，简称 IEF）就是中韩两国政府共同发起的亚洲地区青少年数字娱乐活动，是落实两国元首签署的《联合声明》和两国政府签订的《青少年交流协议》的重要举措。该项活动自 2005 年启动以来得到了中国国务院新闻办、教育部、文化部、科技部、工业和信息化部、国家体育总局、共青团中央等 14 个部委的联合支持。IEF 国际青年嘉年华旨在通过数字娱乐引导青少年正确使用数字网络，以促进青少年的健康成长，加强中韩两国，乃至世界各国和地区城市、企业间的友好交流与合作，促进数字创意产业发展。随着 IEF 在青少年人群中的影响力与日俱增，IEF 已经由单纯的电子竞技赛事转变成为中韩青年交流的综合平台。

中韩两国的地方政府在交流过程中也非常注重推动青少年交流。截至 2014 年底，韩国的 15 个道和 216 个城市与中国的省市建立了友好城市关系，而且中韩友好城市的数量还在不断增加。这些友好城市也制定了各种不同形式的人文交流机制，大部分都设有青少年互访、青年公务员互派、文艺团体互访、共同举办文化艺术节等活动。

三、中韩政府间的观光交流合作

中韩之间的观光游客最早出现在 20 世纪 80 年代末。当时中韩还未建交，少数韩国人以探亲、商务等目的，通过香港进入中国大陆，尤其是中国东北地区，并到长白山等景点观光，成为最早的来华韩国游客。1992 年，中韩建交，中国随即向韩国开放了旅游市场。1994 年，韩国政府取消了对韩国人到中国旅游的限制，中韩之间开设了定期飞机航线，来华韩国游客数量开始大幅度增加，旅游目的地也不再限于原先的延边和长白山地区，而是向中国内地延伸。[①] 1997 年，中国政府发布了《中国公民自费出国旅游管理暂行办法》，开放了出境游的大门。1998 年 5 月，中国将韩国列为出国旅游目的地国家。1998 年 5 月以及 2000 年 6 月，中韩相关政府分两次签署《中国公民自费赴韩国团体旅游备忘录》，中韩两国从此开始了双向的观光交流。

（一）中韩“文化年”、“观光年”活动以及观光部门的交流合作

为了推动中韩人文交流，中韩两国领导人多次发起“中韩文化年”、“中韩观光年”活动，这些活动起到了推动中韩旅游交流合作的作用。

2000 年，朱镕基总理访问韩国，与金大中总统商定将 2002 年确定为“中韩国民交流年”。2005 年胡锦涛访问韩国，与韩国总统卢武铉商定将 2007 年定为“中韩交流年”。为了充分利用“中韩交流年”这一机会，2006 年 7 月，中国旅游代表团、中国赴韩旅游交流暨促销代表团访问韩国，为吸引韩国游客来华进行了宣传，并与韩国旅游部门签署了《中韩旅游合作谅解备忘录》。2007 年，来华韩国游客数量大幅度增加，超过了 2600 万人次，出现了一个小高潮。2008 年胡锦涛主席访韩，与韩国总统李明博一同将 2010 年定为“中国访问年”，将 2012 年定为“中韩友好交流年”和“韩国访问年”。2014 年，习近平访韩，与韩国总统朴槿惠一同将 2015 年和 2016 年分别

---

① 姜真林：《中韩旅游合作的基础与障碍分析》，载《对外经贸实务》，2010 年 12 月，第 83 页。

定为“中国旅游年”和“韩国旅游年”。

2011年5月，中国国家旅游局局长与韩国文化体育观光部部长签署了《中韩旅游交流合作协议》。根据《协议》，双方将大力推进以下几个领域的交流合作：一是“中韩互访年”合作。在成功举办“2010中国访问年”的基础上，继续共同推进“2012韩国访问年”的相关活动和项目。二是提高游客便利化水平。双方共同推动各自国家有关部门在改善签证制度（包括试点免签证制度）、扩大航空航线、优化旅游指南体系等方面展开交流与合作。三是建立“中韩青少年教育旅游交流指导委员会”（暂名），开发两国校际交流项目，扩大两国青少年教育旅游往来。四是培养“中韩旅游专家”和相互交流“中韩旅游精英人才”。双方为扩大人才交流，研发“中韩旅游专家（Korea/China Travel Specialist）培养课程”和“旅游人才交换项目”，互相提供培训教育。五是共同推荐“高品质的畅销旅游商品”并共同开发旅游商品，以提高旅游消费者满意度，提高旅游商品质量，创造良好的旅游环境。六是双方积极交换有关旅游活动的立法、统计资料和有关本国旅游产业的信息、统计资料等。《协议》还明确了中韩旅游部长会晤时间及方式、支持对方国政府旅游部门在本国境内设立代表办事机构、安全有序地开展中国公民团体赴韩国旅游等事宜。双方同意每年举行一次中韩旅游部长会晤，并定期召开中韩旅游交流与合作事务级协商会议。

（二）两国政府的签证简化措施

简化旅游签证手续、放宽对入境游客资格的限制，是中韩两国政府推动中韩观光交流的重要措施。每当签证手续简化，赴韩中国游客数量都会出现大幅度增长。

2005 年 5 月 30 日起，韩国对经由韩国仁川机场去欧洲旅游的中国公民给予无签证入境许可，允许其在韩国滞留 30 天，这一年中国访韩游客的数量超过了 70 万人次。2007 年中韩之间开始实行复数签证制度，并允许两国的青少年修学旅行团无签证进入对方国家。2008 年 1 月起，韩国济州岛对中国公民免除旅游签证，中国公民可以在济州岛停留 30 天。济州岛对中国游客实行免签证政策后，中国游客数量以年 70% 以上的速度迅速增长。济州岛整体游客数量在 2014 年突破了 1000 万人次，游客接待能力已经接近饱和，其中海外游客超过了 220 万人次，而海外游客中中国游客占到 90% 以上。2010 年 8 月，韩国再次发布《放宽中国游客签证标准方案》，大幅度放宽中国个人申请旅游签证的资格标准。根据该方案，一年多次往返签证的申请范围将由之前仅限于律师、医生、教授以及拥有经合组织永久居住权的少部分人群，扩大到中小学教师、领取退休金的退休者、重点大学毕业生等。

（三）中日韩以及东北亚旅游区域建设

中韩旅游部门不仅积极展开双边合作，还积极参加中日韩三边合作，致力于推动东北亚旅游区域化的建设。

中日韩三国之间的游客规模庞大，三国中任何两国都是另一国的第一或者第二大客源国。因此具有文化旅游资源有同源异质性，自然旅游资源有结构互补性，三国旅游合作有先天优势，有利于开发区域游项目。2003 年 11 月，中日韩三国旅游主管部门签订了《旅游合作备忘录》，2009 年 10 月第四届中日韩旅游部长会议提出“2010 年三国互访游客规模达到 1700 万人次”的目标，2010 年 8 月第五届中日韩旅游部长签署《联合声明》，提出 2015 年三国间人员交流规模要达到 2600 万人次，并联合打造连接中日韩三国的旅游合作项目，共同进行海外旅游市场推广工作。目前中日韩三国游轮游项目已经成熟，但中日韩区域旅游还远未成形。

东北亚的旅游界倡议在中日韩的基础上发展“东北亚区域旅游”。根据东北亚旅游国际论坛（IFNAT）两次会议的界定，参与东北亚旅游合作的区域主要包括北京、内蒙古在内的中国东北地区，俄罗斯东部，日本，韩国，蒙古和朝鲜。2002 年 11 月，中国国家旅游局、博鳌亚洲论坛和亚洲合作对话组织主办的“博鳌亚洲旅游论坛”在桂林召开，亚洲各国旅游部长就进一步加强亚洲区域旅游合作交换了意见，发表了《桂林宣言》，宣布要推动东北亚区域旅游。[①] 自此之后，东北亚地区各国的旅游主管部门经常会晤，讨论如何简化区域内的出入境手续，如何开发跨区域的观光产品，如何进行联合营销，但这些合作项目目前还停留在计划阶段。

区域旅游合作需要两个基本条件：一是具有正式的官方国际区域旅游合作组织；二是具有正式的官方签署的区域旅游合作文件。中日韩虽然在“10 + 3”框架下展开了与东盟国家旅游服务贸易的合作，建立了“东亚旅游协会”，但合作要么是间接的，要么缺乏实质和务实性，还未形成区域旅游的交流沟通机制。[②] 尽管如此，在推动东北亚区域一体化的道路上，区域旅游合作仍然是最理想的突破口，中日韩旅游管理部门对此都非常积极，而中国人出境游规模的增长以及中日韩三国旅游业的发展都会加快“东北亚区域旅游”时代的到来。

---

① 史宝华、赵恒德：《东北亚区域旅游合作的构想》，载《黑龙江生态工程职业学院学报》，2006 年 11 月，第 46—48 页。

② 熊涓、邵宁：《中国语日本韩国旅游服务贸易合作研究》，载《生产力研究》，2013 年第 1 期，第 90 页。

第二节　中韩之间的人员交流

中韩建交后，两国间人员往来迅速增加，其规模很快超过了中国与其他任何一个国家的人员交流规模。伴随着热火朝天的经济交流，越来越多的公司职员、企业家和商人频繁往返于中韩之间，大量年轻人也选择到对方国家求学，“韩流”与“汉风”的魅力、便捷的交通更是吸引着两国游客的脚步。目前，中韩两国互为最大的海外游客来源国、最大的留学生来源国。在韩国长期居住的外国人中，中国人数量最多，而在中国长期居住的外国人中，也是韩国人最多。韩国法务部的统计资料显示，截至2014年底，中韩婚姻超过6万例，在与外国人结婚的韩国人中，有40%的人配偶为中国人。也就是说，中韩两国经过20多年的交流，大量的中国人和韩国人已经成为商业伙伴、同事、同学、邻居、朋友甚至是亲人，而且这种趋势还在进一步扩大。

一、中韩之间的观光游

（一）中韩之间观光游客增长趋势

中韩建交初期，韩国来华观光游客的数量短时间内出现了迅速增长，韩国很快成为中国最大的海外游客来源国，中国也成为韩国最大的海外观光对象国。对韩国游客而言，首先，“中国游”既便利又经济。其次，中韩长期被冷战隔断，在建交之初，韩国人对于中国充满了好奇；韩国文化深受中国影响，很多韩国人对于来华进行“文化探源”也很感兴趣。这些因素使得韩国来华观光游客数量在最初的10年里持续迅速增长，并在2005年之后大致稳定在每年300万至400万人次，大约占来华外国游客的15%左右。（参见图1—1）

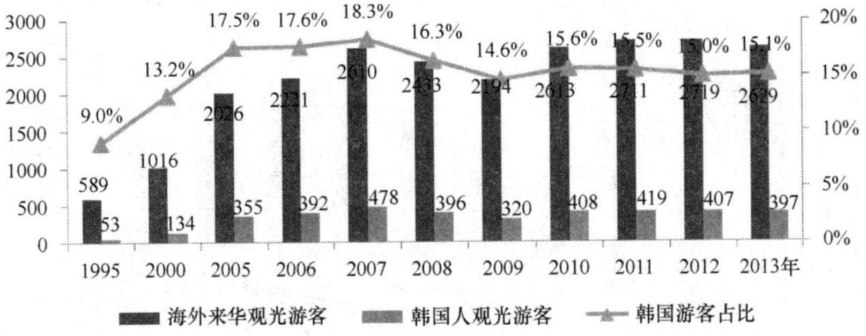

图1—1　韩国游客的数量及其在中国入境游客中所占比例（单位：万人,%）

数据来源：中国国家统计局。

中国虽然在1997年开启了海外观光游的大门，但赴韩观光游客的数量在初期非常少。这首先是收入水平的差距导致的；其次中国居民申请赴韩观光签证的办理手续非常繁琐；再者中韩建交初期中国人对韩国的了解还太少，对韩国的兴趣不高。随着中国人的收入水平不断增长，人民币海外购买力攀升，韩国政府不断简化赴韩观光签证的办理手续，中国人赴韩观光的障碍不断减少。与此同时，“韩流”文化在中国的影响不断扩大，引发了中国人对韩国的兴趣。这些因素使得赴韩中国游客数量在2000年后开始迅速增长，中国很快成为韩国最大的海外游客来源国。2010年之后，中国赴韩游客增长速度进一步加快，2013年中国游客在赴韩海外游客中的占比已经超过了30%。这一年赴韩中国游客的数量超过400万

人次，在拥有5000万人口的韩国，中国游客显得非常多，尤其在景点和商业区随处可见。（参见图1—2）

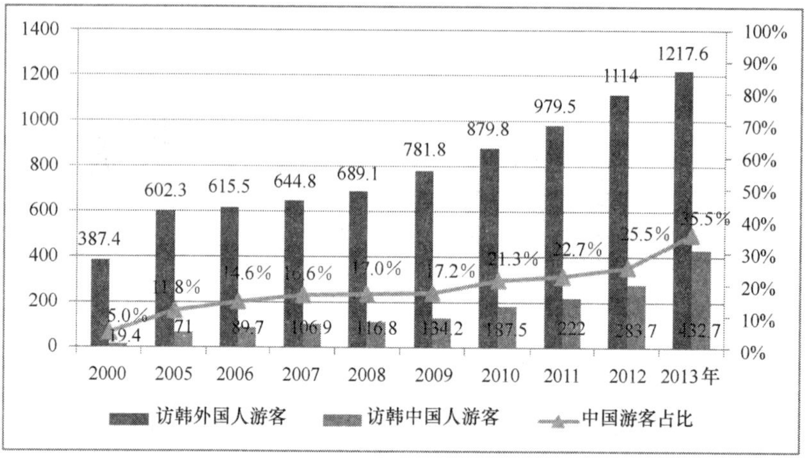

图1—2　赴韩中国游客的数量及其在韩国入境游客中所占比例（单位：万人,%）

资料来源：韩国观光公社，http：//stat. tour. go. kr。

近年来，中韩之间人员流动的方向由于赴韩中国游客的增长而发生了逆转。中韩建交后的很长一段时间里，一直是来华韩国人数量远远高于赴韩中国人，但是2008年美国次贷危机引发的经济危机影响韩国后，韩国来华人数有所减少，而赴韩中国人数量在2013年追平了来华韩国人数量，2014年赴韩中国人数量第一次超过来华韩国人。今天，进入韩国的中国人不再以廉价劳动力为主，而是以中产层游客为主。在赴韩中国人中，80%以上是游客。赴韩中国游客不但人数多，而且人均消费额也在韩国入境游客中排名第一。

目前，中韩两国的旅游业都处在快速发展期，中韩两国都在建设旅游业基础设施、提升旅游服务、开发新的景点，而中韩两国旅游业的发展必定会带动中韩旅游交流的进一步增长。

中国人大量走出国门进行海外观光的时代才刚刚开始，韩国观光业如果能够扬长避短、开发出更多吸引中国游客的产品，那么赴韩中国游客规模在很长一段时间里还会持续增长。中国国家旅游局 2010 年的统计显示，2000 年以后中国出境游客数量持续迅速增长，2008 年达到 4584 万人次，几乎是 2001 年（1213 万人次）的 4 倍。按照这一速度，2020 年中国海外观光游客的数量可能达到 1 亿 5900 万人次。目前赴韩观光游客在所有中国出境游人数中所占的比例不足 3%，韩国观光业在中国还有很大的市场开发空间。2014 年，中韩领导人宣布进一步简化签证手续，因此推动赴韩中国游客迅速增长的制度效果在将来一段时间里还会渐渐释放。但是，韩国观光业如果不能做好准备，中国游客的增长也会遇到瓶颈。首先，韩国观光市场容量会成为限制中国游客增长的瓶颈。为此，近年来韩国政府将观光产业作为“绿色黄金产业”进行重点培养，首尔等游客集中地正在修建一大批迎合中国游客喜好的观光酒店，各地方政府也纷纷着手开发针对中国游客的旅游观光区，增设中国航线，通过大力发展医疗观光设施等办法吸引中国人。其次，目前中国人赴韩观光的主要目的是购物，对韩国风景、文化的兴趣较低，“韩国游”产品的竞争力较为单一。为此，韩国观光业正在努力开发文化体验产品，以提升韩国观光的魅力。未来赴韩中国游客数量能否保持较长时间的持续增长，取决于韩国观光产业能否克服自身的瓶颈，创造出新的竞争力。

目前韩国来华游客数量已经达到了较高的水平，今后面向韩国游客的观光产品会向着追求质量和特色的方向转变。韩国人口约 5000 万，目前年来华游客数量大约占到其全国人口的

10%，今后来华观光韩国人数量出现大幅度增长的可能性不大。但是，随着韩国人对中国了解的深入，他们对高质量、有特色的旅游观光商品的需求会增加，例如中小学生以学习、文化体验等为目的进行的“深度游”和“自由行”等。

（二）中国游客对韩国经济社会的影响

中韩两国互为最大的海外游客来源国，是两国观光产业的重要市场。韩国国土面积和人口规模远远小于中国，中国游客访韩给韩国社会造成的影响尤其巨大。

首先，近年来迅猛增长的中国人韩国游带有“购物游”、“整容游”的特点，中国游客不仅促进了韩国观光业的增长，而且也给韩国的零售业带去了新的增长点。长期受“韩流”文化影响的中国人在经济能力上升后涌入韩国进行“韩流”消费，他们不但人数多，而且人均消费额也在韩国入境游客中排第一位。根据韩国观光公司的估算，2014 年中国游客为韩国带去了约合 1055 亿人民币（18.6 万亿韩元）的经济效益，约占韩国 2014 年名义 GDP 的 1.3%[①]，创造了 34 万个就业岗位[②]。考虑到 2014 年韩国 3.3% 的 GDP 增长，中国游客创造的经济效益不可小觑。2014 年赴韩接受整容手术的中国人超过 56000 人，这一数字在过去的 4 年里增长了 20 倍。[③] 中国游客带动了韩国旅游相关行业，以及化妆品、医疗美容等“韩流”相关行业的快速成长，已经成为韩国国内零售业重要的顾客群体。因

---

① 韩国统计厅的统计显示，2014 年韩国名义 GDP 为 1485 万亿韩元。数据来源：韩国统计厅，http：//kosis. kr/statisticsList。

② 《2014 年观光收入史上最大》，［韩］《朝鲜日报》，http：//news. chosun. com/site/data/html_ dir/2015/02/04/2015020402949. html，上网时间：2015 年 4 月 14 日。

③ 《卫计委：2014 年我国 5.6 万人赴韩国整形》，《京华时报》，http：//news. china. com. cn/2015 －03/20/content_ 35105521. htm，上网时间：2015 年 4 月 14 日。

此，韩国各地都在积极扩建旅游观光设施，开发适合中国人的旅游观光产品，济州岛、釜山、大邱等很多城市都以中国游客为目标制定了建设“健康休闲观光城市”的发展计划。近来中国游客在韩国的采购对象从国际知名品牌扩大到韩国本土品牌，因为中国游客消费而受惠的韩国本土企业越来越多。

中国游客的增加不仅影响着韩国经济，而且也改变着韩国的城市面貌、城市文化。由于近年来韩国国内消费市场低迷，而中国游客热衷于购物，首尔等城市的商圈随着中国人的脚步而发生着变化。很多传统商业圈衰落，受中国人喜爱的观光购物区域兴起。观光购物区俨然成为中国街，商人们能够用汉语与顾客交谈，商店使用中国人喜欢的红色制作广告，用中国人喜欢的“韩流”明星图片吸引人流。中国的节假日成为韩国零售业的旺季，商家们已经习惯于在中国节假日期间举办打折促销活动。中国游客所到之处，会很快出现大量的化妆品店、服装店以及适合中国人口味的餐饮店，很多社区因此而失去了原来的面貌和文化氛围。生活环境的变化使得韩国人更加直接地感受到中国的影响力，越来越多的韩国人希望了解中国，希望在与中国相关的领域里寻求个人发展的机会。但是，韩国国土面积小，中国游客数量多而且素质参差不齐，中国游客持续增长也有可能伴随产生挤占公共资源、扰乱社会秩序、抬高物价的负面效应，给韩国人的生活带来负面影响。

二、中韩之间的留学生交流

中韩两国政府在 1995 年签署了《中华人民共和国教育部与大韩民国教育部教育交流与合作协议》，为两国的年轻人打开了留学的大门。此后，先是来华韩国留学生数量迅速增长，

2000 年以后赴韩中国留学生也开始迅速增长，中韩两国很快成为对方国家的第一大留学生来源国。以 2011 年为例，中国在韩留学生占在韩外国留学生总数的 2/3，而来华韩国留学生则超过 6.5 万人，韩国已经连续 9 年成为中国第一大留学生来源国。（参见图 1—3）

近年来，韩国来华留学生稳定在了 6 万人，而中国赴韩留学生在 2008 年达到高潮（5.6 万人）后数量开始下降，2013 年为 4 万人。

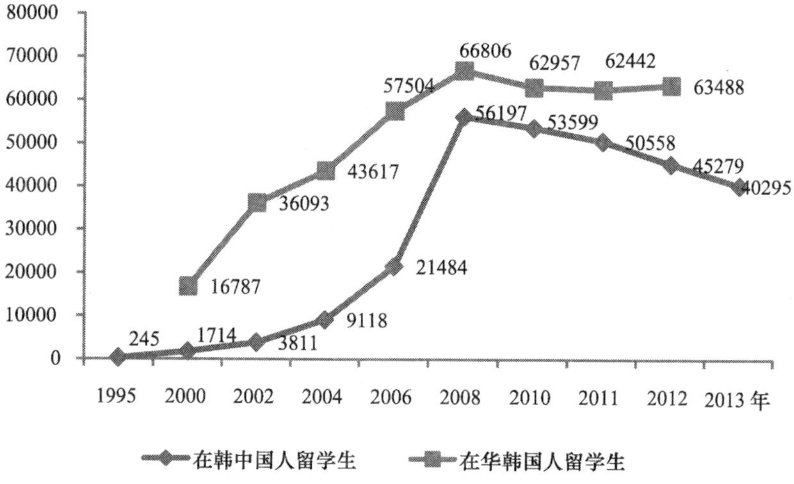

图 1—3　中韩之间留学生的增长趋势（单位：人）

在韩中国留学生数据来源：韩国出入境管理事务所。

在华韩国留学生数据来源：中国教育部。

以下几个方面因素推动着中韩之间的留学生交流：

首先，在政府的引导下，中韩两国高校非常积极地开展交流合作，这为在校大学生提供了更多交流学习的机会。中韩双方定期互办“高等教育展览”，以吸引对方学生。据不完全统计，截至2012年底，中国有230多所高校与韩国的180多所高校签署了校际交流协议，这些交流协议的内容包括彼此认证学分、相互授予学位以及联合授予学位等。中韩两国高校之间定期举办“中韩大学强强合作研讨会”和“中韩大学校长论坛”等会议，就学校运营以及教育管理等问题交流经验，就开展高层次人才培养、高水平科研合作的路径进行讨论。中韩两国的教育行政部门和大学之间每年有数以百计的访问团在频繁互访，互相学习并商讨合作事宜。韩国很多高校针对中国学生设有奖学金，而中国很多高校针对韩国学生的收费标准也低于欧美发达国家。

其次，中韩两国教育部门都非常重视大学的国际化发展，积极吸引外国留学生，这也推动了两国间留学生规模的增长。中韩两国的现代学校教育都落后于西方先进国家，是留学生输出大国。随着两国经济社会的发展和教育水平的提升，两国教育部也开始积极推动大学的国际化。韩国在进入21世纪后开始大力推行国际化教育，提出大学要有10%的外国留学生，并制定了2012年招收10万名外国留学生的目标。2001年7月，韩国教育人力资源部制定了《扩大接受留学生的综合方案》，自2003年起，韩国政府每年投资8.4亿韩元从东亚国家招收优秀高中毕业生到韩国留学。2004年韩国政府第二次出台了《扩大接受留学生的综合方案》，具体措施包括：增加韩国政府奖学金的数额以及奖学金生人数；鼓励企业聘用外国留学生；大幅度改善外国留学生的学习、居住条件；为外国留学生免费提供学习韩语和了解韩国文化的机会；提高留学签证通过率等。①

① 姜栽植：《中韩教育服务贸易的现状及对策建议》，载《延边党校学报》，2010年第6期，第83—84页。

中国在进入21世纪后，也迎来了海外来华留学生的持续增长，相关部门因此而不断完善留学生管理措施。2000年，中国教育部、外交部与公安部共同制定了《高等学校接受外国留学生管理规定》，2001年教育部又公布了《关于改革外国留学生学历证书管理办法的通知》，使留学生管理工作逐步走向规范。在政府的引导下，中韩两国高校也都积极提升自身的国际化水平，具体措施包括从海外聘请教授、增加英文授课、与国外大学联合办学等，同时也加强了针对外国留学生的服务与管理。

再次，促使中韩之间留学生数量增长的最重要原因是中韩经济合作的迅速发展。中韩建交以来，两国间的贸易额一直保持高速增长。中韩建交后第11个年头（2003年），中国就已经成为韩国最大的出口对象国和第二大贸易伙伴国，2004年中国成为韩国第一大贸易对象国。2012年韩国对华出口额占其海外出口总额的24.5%，接近韩国对美、欧、日出口额之和①。中国还是韩国企业第二大投资对象国，韩国企业在中国市场上占据了较高的份额，中国市场成为其最重要最有成长潜力的市场。近年来，韩国内需市场对GDP增长的贡献度不断下降，2012年仅为0.7%，GDP增长主要靠国际市场拉动。2008年以来美、日对韩国GDP增长的贡献度显著下降，中国的贡献度上升。对美出口在2000年创造了韩国GDP的6.9%，2009年这一比例下降到3.8%，同期中国对韩国GDP增长的贡献度则由2.6%上升至6.4%。中国经济持续高增长、中韩经济合作日益紧密的同时，韩国国内消费持续低迷，年轻人就业难的

① LG经济研究院：《通过附加值看对外依存度》，http：//www.lgeri.com 2013－3－26。

问题一直得不到改善，这种反差使得越来越多的韩国人对中国产生了兴趣，希望从中韩经济合作中寻找自身发展的机会。韩国教育部的统计显示，韩国赴海外留学人数连续 3 年都在减少，尤其赴日本、英国、新西兰的韩国留学生数量明显减少，但来华留学生数量却稳定在 6 万名的较高水平。（详见图 1—4）

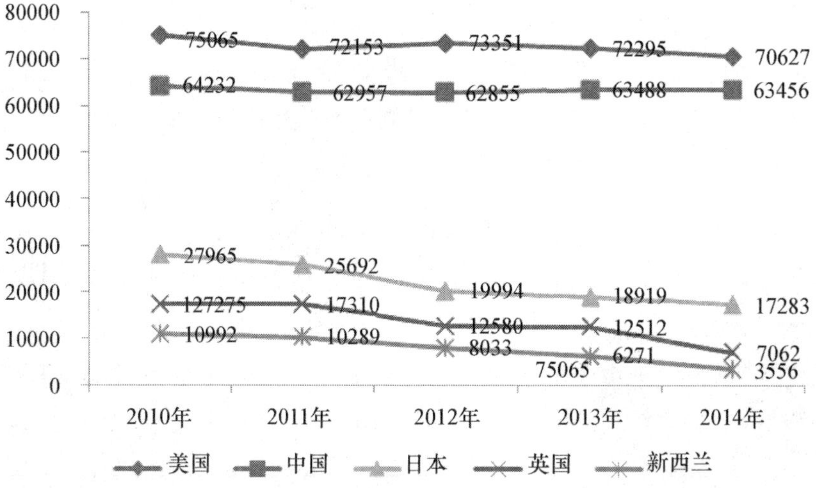

图 1—4　韩国海外留学生数量变化（单位：人）

数据来源：韩国教育部，http：//www. moe. go. kr。

与此同时，中国的年轻人也从中韩之间大规模的经贸交流中看到了个人发展机会。中国的高等教育资源不足，每年都有数以百万的高中毕业生无法进入大学学习。2000 年以后，随着中国家庭收入的增长以及人民币升值，越来越多的家庭选择送子女去海外继续完成学业。韩国与中国地缘临近、文化相似、学费相对低廉，又蕴含着就业机会，因此赴韩中国留学生的数量迅速增加。但是 2008 年以来，中国赴韩留学生数量出现了下降趋势。造成赴韩中国留学生数量减少的原因有两个，其一是中国大学升学率在不断提高，其二是因为中国居民收入不断增长，年轻人选择留学国家的范围扩大。

三、中韩之间的劳动力流动

中韩经贸合作带动了劳动力的跨国流动。在中韩两国之间，有大量的企业主、公司职员、商人和劳动者在对方国家工作和居住。这些人活跃在中韩交流的第一线，他们聚居的地方成了中国的“韩国城”和韩国的“中国城”，他们的言行影响着两国国民的相互认识，他们的活动对所在国以及母国社会都产生着影响，他们既是经济合作的参与者也是人文交流的参与者。由于两个国家的产业发展阶段不同，长期以来，来到中国的韩国人主要是中小企业主、大企业外派职员、贸易商以及这些人的家属，到韩国的中国人主要从事单纯体力劳动或服务业劳动的劳动者。中国的韩国人聚居区大部分属于中高档的生活区域，而韩国的中国人聚居区却是城市里的“贫民窟”。但是，近年来中国资本开始扩大对韩国的投资，并开始在韩国建设新的中国商业区域，在韩国置业购房的中国人也越来越多，中韩经济人员交流的结构正在发生变化。

（一）在中国工作的韩国人现状

韩国是中国的重要投资来源国。中国与韩国地理临近，有大量朝鲜族民众可以从事翻译工作，劳动力价格低廉，农产品等产品相对韩国具有较大的价格优势。中韩在1992年建交，当时韩国正经历产业升级，部分低技术含量产业有向经济落后国家转移的需求，因此中国吸引了很多韩国中小企业来华投资。在2002年，韩国对华投资的平均规模为每项88万美金，而韩国在整个海外的投资平均规模为每项237万美金，可见其对华投资中小规模投资居多。在韩国的整体对华投资中，中小企业在数量上占了93.6%。在韩国中小企业的全球投资中，对华投资在数量上占了83.7%。也就是说，韩国中小企业的海外投资大多集中在中国。2002年以后，中国加快了产业升级的步伐，在吸引外资的过程中开始选择高附加值、低污染的外资企业，通过修改《劳动法》加强了对劳动者权益的保护，2005年以后又逐步取消了针对外国企业的优惠政策。这种投资环境的变化促使很多缺乏竞争力的在华韩国中小企业离开了中国。与此同时，中国由廉价劳动力供应地逐渐转变为消费市场，韩国大企业不断在中国扩大投资，将中国作为最重要的海外销售市场和研发基地。在华工作的韩国人总量一直在增长，其中中小企业劳动者的比例在减少，大企业劳动者的比例在增加。以北京为例，2009年5月的统计显示，在北京长期居住的韩国人为67173人，其中留学生21109人，其余大部分都是在北京工作的韩国人及其家属。这些韩国人在工作和生活中直接与中国人合作共处，构成了中国城市里的中韩文化交流空间。

随着越来越多的韩国人到中国工作生活，中国的城市面貌发生了变化，越来越多的中国城市里出现了韩国人聚居的“韩国城”。这些“韩国城”的房价往往因为韩国人大量涌入而上涨，成为当地的中高档生活区域。例如北京的望京和顺义都是在华工作韩国人的聚居地，在韩国人大量入住后，社区的服务业也都出现了韩国化倾向，有很多出售韩国商品的商店、韩国餐饮店、韩国美容院、韩国医院、韩国人学校，甚至有定期发行的韩文杂志和报纸。“韩人会”经常以这些区域为中心定期举办在京韩国人集会和交流活动，必要时还协助中国的社区居委会调节中韩住户之间的矛盾。这些“韩国城”是中国城市里的韩国文化岛，是中国人了解韩国、韩国文化和韩国人的窗口。“韩人会”以及韩国人社区经常有意识地开展活动，积极与中国社会进行交流，例如面向社区内的中国人免费开设韩国语讲座等。2008 年中国出现“厌韩情绪”后，韩人协会就曾发起过“谦虚与温情活动”，号召在华韩国人用自己的行动改善中国人对韩国的负面认识，这一活动曾对改善韩中民间关系起到了非常积极的作用。

（二）在韩国工作的中国人现状

韩国引进海外劳动力的制度分为两大类，针对高端人才适用“专门人力就业制度”，针对体力劳动者最初适用“产业研修生制度”，后来改为“雇佣许可制度”和“访问就业制度”。在韩国工作的海外劳动者中，高端人才的比例较低，而中国劳动者中高端人才所占比例更低。除去少量中国企业派驻韩国的员工之外，韩国企业雇佣的中国劳动者绝大部分是单纯体力劳动者。

韩国引进海外劳动力制度的设计原则为：既灵活雇用海外劳动力，为韩国的产业发展提供优质廉价的劳动力，又要防止外国人过多移民到韩国，冲击国内的就业市场。最初的产业研修生制度，名义上是帮助落后国家培养熟练工人，但实际上“产业研修生”因为不是正规劳动者，不受韩国劳动保障法规的保护，成为韩国企业最廉价的劳动力。很多中国人以“产业研修生”身份进入韩国，“研修”期满后则留在韩国继续工作。但是因为丧失了“研修生”身份，其中很多人成为非法滞留者。还有一些“产业研修生”在“研修”期满之前就会违约转到其他企业，以“非法滞留者”的身份工作，以赚取高于“产业研修生”工资的报偿。如此一来，大量中国劳动者成为非法滞留者。2003 年 3 月，韩国非法滞留者的数量曾经达到所有外国人劳动者的 78.2%。[①] 在韩国的非法滞留者中，中国朝鲜族占有较高的比例。中国朝鲜族劳动者赴韩务工的现象由来已久，最早的一批人在 1988 年的汉城奥运会之后、中韩建交之前就通过各种途径进入韩国。随着中韩关系逐渐解冻，一些朝鲜族民众获得了赴韩探亲的机会，其中一些人选择留在韩国工作。韩国政府看到了一些中国朝鲜族人在韩国非法滞留的苗头，为了遏制这一现象，在中韩建交的 1992 年，韩国政府把对华签证业务从外交部转移到法务部，并把赴韩探亲的年龄限定在 55 周岁以上。但是由于富裕起来的韩国人越来越回避单纯体力劳动，国内劳动力市场出现了体力劳动者以及低级服务业劳动者短缺现象，韩国的劳务价格大幅度上升。在韩国劳动力市场的吸引下，中国的朝鲜族劳动者大量进入韩国。很多朝鲜族劳动者为了到韩国打工向中介机构缴纳了数额不菲的手续费。由于身份非法，他们中途不敢回国，选择尽量长时间滞留在韩国。[②]

为了解决产业研修生制度所带来的非法滞留者数量激增现象，韩国社会认为政府应该根据韩国产业的实际需求调整外国劳工的相关政策，并适当考虑增加海外韩裔在韩国的就业机会。2004 年 7 月，韩国以就业管理制度替代产业研修生制度，

---

① 薛东勋：《对国际劳动力移动与市民权的研究——以韩国、德国、日本案例为中心》，载［韩］《民主主义与人权》，2008 年第 7 卷第 2 号，第 386—391 页。

② 辛义吉：《在韩朝鲜族犯罪及对策研究》，韩国刑事政策研究院，http：//www.kic.re.kr/，1994 年。

规范了国内企业对外国劳动力的使用。就业管理制度放宽了针对海外韩裔在韩国就业的限制，减少了韩国人邀请海外亲属的限制性条款，扩大了海外韩裔可就业的产业种类，允许嫁到韩国的女性自由邀请亲属。就业管理制度实施后，非法滞留者的比例有所下降，赴韩国工作的中国朝鲜族人数猛增。但即便如此，到韩国合法工作的机会还是远远不能满足希望赴韩工作的中国朝鲜族劳动者的需求。韩国法务部的统计数字显示，截至2006年5月，以非法身份在韩国工作的朝鲜族仍然超过六万人。2007年3月，韩国政府出台了访问就业制度，规定报名到韩国工作的外国劳动者要参加政府在当地指定地点举行的韩国语考试，考试合格者通过摇号的方式获得赴韩国就业的机会。这一制度非常有利于没有语言障碍的中国朝鲜族劳动者。这样，没有亲属关系的朝鲜族劳动者也有了合法赴韩工作的机会。访问就业制度出台后，赴韩工作的中国朝鲜族人数再次激增，截至2009年初，已经超过30万人，相当于中国朝鲜族总人口的1/5。[①]（详见表1—1）

表1—1　在韩工作中国人的数量变迁（单位：人）

年度		合计	合法就业者					非法滞留
			专门职业	非专门就业	研修就业	访问就业	产业研修	
1995	非朝鲜族	61462	0	/	/	/	17518	43569
	朝鲜族	28767	0	/	/	/	6502	21975
2000	非朝鲜族	60445	1	/	519	/	41735	1820
	朝鲜族	32050	0	/	196	/	19967	11887

① 《反思我们的国外劳动力利用政策》，［韩］《中央日报》，2001年10月22日。

续表

年度		合计	合法就业者					非法滞留
			专门职业	非专门就业	研修就业	访问就业	产业研修	
2002	非朝鲜族	193182	2	/	9226	/	40868	143086
	朝鲜族	96364	0	/	3272	/	17502	75590
2004	非朝鲜族	217798	0	89660	13176	/	24613	90349
	朝鲜族	120768	0	55245	8709	/	8673	48141
2006	非朝鲜族	144935	1	17768	13036	/	20785	93345
	朝鲜族	62977	0	10119	10931	/	4207	37720
2008	非朝鲜族	113094	0	10765	1919	/	7200	93210
	朝鲜族	117792	0	5691	1488	78418	4988	27207
2010	非朝鲜族	373555	0	15532	/	277928	3529	76566
	朝鲜族	320495	0	5998	/	290485	853	23159
2011	非朝鲜族	372208	0	12397	/	290485	2292	67034
	朝鲜族	312707	0	4609	/	290485	329	17284

来源：韩国出入境外国人政策本部。

在赴韩务工的中国朝鲜族劳动者中，低学历者占大多数，高中及以下学历者占91.2%。他们出国前的职业地位大多不高，无业、务农、工人及个体户占80.4%。这些人到韩国后工作生活环境也依然恶劣。他们大多从事脏、重、累并且报酬相对较低的体力劳动，很多人因为身份不合法而东躲西藏、不敢回国探亲。中国朝鲜族与韩国人同工不同酬甚至被拖欠工资的事情时有发生。很多滞留在韩国的中国朝鲜族劳动者由于缺乏福利保障和法律保护，生病后难以就医。针对这一群体的欺诈、勒索犯罪时有发生，但受害者却难以得到法律援助。[①]

赴韩务工的中国朝鲜族劳动者难以融入当地社会，在群体内部形成了紧密的互助机制，在居住空间上则形成了自己的聚居区。据统计，到2008 年11 月，有173992 名中国朝鲜族住在首尔，134346 人住在仁川和京畿道，而且主要集中在首都圈西南部几个生活成本较低的社区里。例如首尔九老的加里峰洞和永登浦区的新吉、大林洞附近都有“延边村”。以加里峰洞的“延边村”为例，这里以一个菜市场为中心，聚集了1 万名以上中国朝鲜族人，200 家中国餐馆、食品店和练歌厅等。[②] 韩国人对外国人有排斥心理，对发展中国家的外国人更是如此。一些社区在聚集了外国劳动者后，韩国人选择主动搬走，随之而来的是这一区域甚至周边区域的房地产价格下降，这些区域得不到投资和开发。这些“延边村”又吸引了来自其他经济落后国家劳动者，渐渐成为城市贫民窟。这样的社区天黑后就很难见到韩国人，生活的都是外国劳工，韩国人特别是女性在这些社区里晚上不敢外出，韩国警察也不愿在这些区域执勤。如此一来，韩国市民对这些社区产生了警戒心和厌恶感，对外国劳工的歧视也因此加重。不仅如此，外国劳工聚居区还出现了犯罪组织，这些组织以出身国家或者出身国家中某个地区为组织单位，以本国在韩非法滞留者为对象，进行借贷、销售毒品

① 朴今海、郑小新：《延边地区朝鲜族留守儿童的教育与监护问题》，载《延边大学学报（社会科学版）》，2009 年2 月，第103—108 页。

② 韩尚俊：《加里峰洞——首尔城中的“延边村”》，载［韩］《东亚日报》，2000 年4 月21 日。

和伪造身份证等违法行为。[1] 尽管韩国也有一些非政府组织和个人热心为在韩非法滞留劳工提供帮助，但在韩中国朝鲜族劳动者的总体生活环境依然恶劣，并且对韩国社会而言也是一种治安隐患。

四、中韩人员交流发展趋势的转变

总结回顾中韩人员交流的发展过程，不难发现目前中韩人员交流正处在一个转折期，而这种转折推动了中韩两国社会的相互构建，加快了中韩两国社会的融合。

自中韩建交至2013年之前，在中韩之间的往来人员中，韩国人一直占多数，人流主要从韩国流入中国。不仅如此，相比赴韩中国人，来华韩国人的经济社会地位较高，他们的社会活动更加积极，对中国社会产生的影响也更大。在工作中，韩国人是驻华韩企中的管理层、中小企业主或者贸易商，是典型的中产层。在学校里，韩国留学生的经济条件普遍比中国学生更优越，其着装打扮成为中国学生模仿的对象。在城市里，韩国人聚居区域成了“韩国城”。“韩国城”是中国城市里的“韩国文化岛”，大多是消费能力较强的中高档社区，住房价格也往往偏高。赴韩中国人在2010年之前远远少于来华韩国人。在韩国常住的中国人中，大多数是从事单纯体力劳动的劳动者。他们从事韩国人回避的“脏累险”工作，其中很多人因为

---

① 例如2005年9月在仁川就发生过犯罪组织以提供中国免费旅游为代价，召集韩国人中信用不良者，让他们与中国朝鲜族人假结婚的案件。这些蛇头向希望与韩国人假结婚的朝鲜族每人收取800万至1200万韩元的费用，而这样的蛇头韩国警方1天内抓获了118人。参见朴基伦：《外国人劳动者密集地区的问题与对策》，载《韩国民间警备学会报》，2006年第8号。

非法滞留的身份而得不到正常的权益保障，既是违法者，也是受害者，社会活动范围非常有限。在他们聚居的区域，韩国人往往选择搬离，结果成为城市里的贫民窟。

上述人员交流结构近年来正在迅速发生变化。首先，2008年美国次贷危机引发的经济危机影响韩国后，韩国来华人数明显减少，2013 年中韩旅客数量基本持平，2014 年访韩中国人数量第一次超过访华韩国人。按照现在的增长趋势，3 年后赴韩中国人数量将超过来华韩国人的两倍（详见图 1—5）。

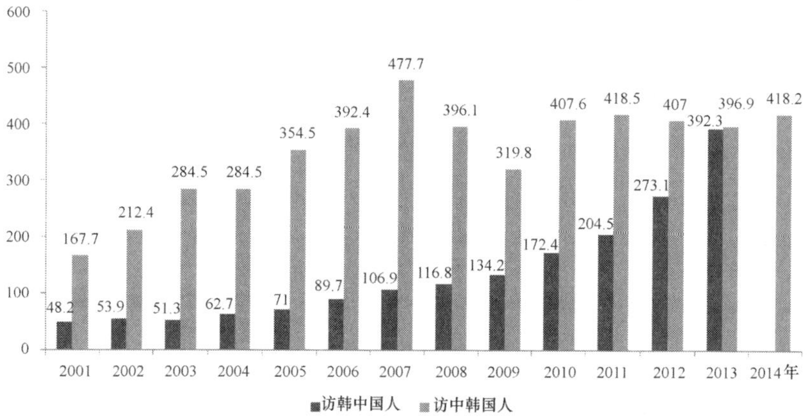

图 1—5　中韩间人员往来规模的变化趋势

访韩中国人数据来源：韩国首尔出入境管理，《出入国·外国人政策统计年报》相关年度。

访华韩国人数据来源：中国国家统计局，http：//www. cnta. gov. cn/html。

其次，进入韩国的中国人不再以劳动者为主，而是以中产层游客为主。赴韩观光的中国人数量自 2010 年起一直保持强劲增长势头，2012 年第一次超过来华韩国游客数量，2014 年已经增长至来华韩国游客数量的 2. 6 倍。在 2014 年的赴韩中国人中，观光游客占80%以上。常住韩国的中国人也发生了变化，一些中国人开始在韩国购买住宅或者商铺。2010年，韩国政府为了吸引投资而在济州岛实施了“房地产投资移民制度”。这一制度实施后，在济州岛购买房地产的中国人数量迅速增长。韩国《中央日报》的报道称，截至2014年6月末，济州岛内中国人所拥有的土地面积为592万平方米，占外国人保有济州岛土地总量的43%，数量上超过了美国人和日本人。中国人在济州岛拥有的土地面积在4年里增加了60倍。2014年，中国的房地产开发企业绿地集团与首尔政府签署协议，计划在首尔投资建设商业地产，作为在韩投资中国公司的本部。如果这一建筑按计划建成，将成为首尔最高的地标性建筑。绿地集团的投资基于其对中韩经济合作未来的预期，他们认为将来会有更多的中国人赴韩投资、工作和生活。也就是说，中国的中产层将越来越多地进入韩国社会。

中韩人员交流结构的变化预示着韩国对中国社会直接影响力的上升。中韩交流的前20年里，“韩流”进入中国，引发了中国流行文化、消费文化的深刻改变；韩国企业进入中国，为各种阶层提供了就业机会，为中国提供了新的经济增长机会；驻华韩国大企业更是影响着中国人的职场文化，并且与中国当地社会进行积极互动推动了中韩文化交流。韩国人在中国聚居，很多城市都出现了“韩国城”，中国城市的面貌因此而改变。中国对韩国社会的影响虽然也非常大，但主要是通过中韩经济领域的合作传递至韩国社会，韩国人能够直接感受到的影响相对较小。

今天，以游客为代表的中国消费者大量进入韩国，使得两国社会进入相互构建的新阶段。中国消费引发了韩国城市面貌的变化、就业岗位的增加、相关产业的增长。中国人的韩国消费还带动着中国对韩投资的迅速增长，目前中国资本在韩国的投资方向开始由房地产扩展到金融、文化内容产业等各种产业领域，而这些领域恰恰是韩国年轻人青睐的创业和就业领域。今后，进入韩国的中国消费和资本对韩国国内经济的拉动效果会日益明显，中国因素将为韩国人提供新一轮的阶层身份上升的机会。

中国对韩国社会影响力的增长使得越来越多的韩国人将个人的人生规划与中国联系在一起。目前，在韩国赴海外留学人数持续减少的情况下，韩国来华留学生数量却稳定在较高的水平，而大量的来华韩国留学生又势必会促进未来中韩两国社会的交流与融合。

在今天的韩国，与中国相关的基础设施在增加，与中国消费者相关的产业在扩大，与中国相关的就业岗位在增长，与中国相关的人才在增加，两国社会的一体化程度和相互依赖程度在加深。这种趋势一旦发生就难以逆转，中韩两国社会相互构建的速度只会越来越快。

中韩两国社会进入相互构建期，意味着中韩关系发展面临全新的机遇和挑战。中国对韩国社会直接影响迅速增强，而韩国社会的体量小，所感受到的各种正面的和负面的冲击会非常强烈，由此产生的社会变动也会迅速而广泛。如果能够充分理解韩国社会的心态和需求，把握好中韩社会相互构建的方向和节奏，实现互利共赢、共同发展，就会增强韩国社会对中国的信任，并为我国的“周边命运共同体”建设起到正面示范效果。反之，则有可能引发韩国社会对中国的排斥，强化韩国社会的中国威胁论，进而激化两国民众的民族主义对抗，损害中韩关系。

韩国社会有着强烈的民族主义。在经历了多年的经济低迷后，尽管韩国社会也希望外来消费和资本为其经济注入成长动力，但中国的消费和资本进入韩国后，其经济保护主义和民族主义情绪已经有所抬头。以中国游客和中国投资进入较早的济州岛为例，2014 年济州道议会面向济州岛民的一项调查结果显示，68%的被访者认为中国游客对济州岛的发展产生了负面影响。被访者认为中国游客增加带来的经济方面的负面效果有："中国资本蚕食岛内观光业"（35.9%）、"房地产以及物价上升"（33.8%）、"济州岛财富加速流出"（21%）；社会文化以及环境方面的负面效果有："无计划的观光开发损害了济州岛的价值"（35.7%）、"交通事故和犯罪增加，社会安全环境遭到破坏"（26.9%）[①]、"交通状况恶化，噪音增加，自然环境遭到损坏"（19.1%）。基于这样的社会氛围，2014 年济州岛政府大幅提高了外国人通过购房获得济州岛永住权的条件。不仅是济州岛，当前韩国社会舆论对于中国游客消费的评价喜忧参半，其中的负面认识包括：中国游客资源被中国人（朝鲜族人的公司）或者华侨所掌握，韩国企业从中获得的经济利益太少；中国游客的消费集中在少数产业，而规模庞大的游客却占用了城市的基础设施，抬高了物价，破坏了自然环境，破坏了城市的文化氛围。

我们应该充分重视韩国社会的上述反应，并且在政府、社会组织、学者、媒体等多个领域里建立起多轨沟通渠道，持续评估和讨论中国对韩国社会的影响，不断与韩方进行对话寻找共识，并与韩国相关部门共同引导中韩之间的人文社会交流，影响韩国政府针对中韩交流相关政策的制定。韩国社会对于中

① 资料出处：［韩］联合通讯，http://www.yonhapnews.co.kr/bulletin/2014/11/05/，上网时间：2015 年 4 月 18 日。

国消费者的负面认识如果得不到正确疏导，那么韩国政府在某个阶段有可能对相关领域进行大的政策调整，那时不仅中国投资会受损失，还有可能引发中韩社会之间的情感对抗，给中韩关系发展造成新的困难。

中国的影响力进入韩国，不仅要避免引发矛盾，还应该努力得到韩国社会的认可。韩国各种社会力量的民主参与非常活跃，社会舆论非常多元。发展中韩关系，强化政府间合作固然重要，但能否深刻理解韩国社会的结构，了解各个阶层的需求，与不同的群体建立起沟通协商机制，也是决定中国能否在韩国获得认同和信赖的关键。

中国的国土面积约为韩国的96倍，人口数量约为韩国的27倍。中韩社会进入相互构建期，我们应该认识到，韩国社会与中国社会的感受完全不同，韩国受到的冲击会非常强烈。今后的中韩社会交流要求我们进行更多的换位思考，更加深入地了解韩国社会，进行更频繁的沟通交流。双方政府如果能够在此基础上、在互利共赢的原则下对两国社会交流进行有效的指导，那么中韩关系将走上一个新的台阶。

第三节　中韩之间的学术交流

中韩学术交流合作按照内容可以分为自然学科和人文社会学科两大部分，其参与者则包括政府、财团和学术研究机构。两国政府出台的相关协定、建立的交流机制为中韩学术交流提供了制度保障，两国政府以及民间财团的支援为中韩学术交流提供了重要动力，学术机构是具体实施者，学术交流的成果主要体现为专著、学术论文以及人才库的建设。

一、中韩学术交流机制

中韩建交以来，两国政府非常重视学术交流，建立了一系列学术交流机制。自然科学领域里的交流合作在中韩建交初期发展较快。20 世纪 90 年代，中国注重向韩国学习先进技术经验。中韩建交以后，两国最初缔结的 4 个协议中就有关于中韩科学技术交流的协议，极大推动了两国自然科学领域里的学术交流。[①] 为了顺利履行这一协议、促进两国在科学技术领域里的合作，两国政府共同推荐人选组建了“中韩科学技术合作联合委员会”，每年在两国轮流召开委员会议。除此之外，两国政府还鼓励两国相关政府机构、研究所、大学、企业缔结科学技术研究交流协议，并以这些协议为依据，为对方国家的科学技术人才提供研究支援。[②] 1992 年 11 月“中韩科学技术合作中心”成立，中心具体负责支援中韩之间的“共同研究项目”、“中短期人才交流项目”、“国际学术会议”以及各种研讨会。1993 年，中韩科学技术合作中心在北京成立了事务所，具体负责两国间科学技术信息与人才的交流工作。1994 年中韩共同设立了“尖端技术开发咨询公司”，这个公司作为中介机构，有力推动了两国科学技术领域的合作交流以及技术研发信

① 该协议在 1992 年 9 月 30 日于北京签署，当年 10 月 30 日生效。协议的主要内容为中韩政府鼓励和推动有关方面依据本国法律、在互惠平等的基础上进行的科学技术合作。协定中所说的合作包括科学家、研究人员、技术人员以及专家之间的交流；包括科学技术研究成果、研究工具、研究刊物以及信息交换；包括组织科学技术领域的研讨会、论坛、其他会议以及培训；包括对双方开展合作研究等。

② 两国根据该协议开展了科学技术共同委员会议等多种科学技术合作活动，并进行了多次两国科学技术长官会谈。中韩两国政府签署了关于科学技术合作、青年科学家互访进修、海洋科学合作等方面的谅解备忘录，两国研究机构就共同研究、科学技术人才信息交流等内容签署了数十份协议。

息的交流。[1]

随着中韩关系的深入发展，两国政府越来越重视人文社科领域的研究合作，希望这些研究能够增进中韩双方的相互了解，能够为中韩关系发展提供指导。在2008年中韩关系升级为“战略合作伙伴”之后，为了持续思考中韩合作的长远战略，中韩两国领导人就曾倡议组建“中韩专家共同研究委员会”，让专家们以“如何深化中韩交流合作”为题进行广泛的共同研究，并向政府提交研究报告。2009年5月，中韩专家共同研究委员会成立，委员会由来自中国和韩国的各16名专家组成，就如何发展中韩战略合作伙伴关系等很多重要问题展开长期研究。2010年4月，委员会向两国政府提供了第一次研究报告，分析了中韩两国的合作重点、核心议题以及具体对策建议。[2]

中韩两国很多政府部门针对相应领域设立了中韩合作研究机构，例如中韩经济合作委员会、中韩产业合作委员会、中韩科学技术合作联合委员会、中韩海洋科学技术合作联合委员会等。这些委员会经常与学术界进行合作研究，或者委托学者进行相关课题研究。

在政府以及经济社会需求的推动下，中韩两国的各种教育研究部门之间也普遍建立起了合作机制。截止到2010年9月，有2068家韩国大学与中国大学建立了姊妹学校关系，而与美国建立姊妹学校关系的韩国大学只有1634家[3]，中韩教育机构之间的合作之广泛远远超过了韩美。这些学校之间的交流以培

① 韩国科学技术部：《科学技术年鉴2010》，http：//www. moleg. go. kr。

② 详见韩国外交通商部网页，www. mofa. go. kr。

③ 文兴镐：《在韩中国留学生就业情况调查以及管理体系的建设》，经济人文社会研究会：《对中国综合研究合作研究丛书》（11－03－33），2011年。

养人才和合作研究为目标，具体的合作方式丰富多样，包括举办校长论坛、召开学术会议、交换教授和学生、开展共同研究、联合培养学生等。

二、中韩学术交流支援机构

（一）韩国的中韩学术交流支援机构

中韩两国政府虽然都非常重视学术交流，但韩国政府以及民间财团对中韩学术交流提供的支援相比中国政府要多，韩国的学术交流援助措施非常值得中国学习。

韩国有很多政府下属的学术研究支援财团，例如韩外交通商部下属的国际交流财团与在外同胞财团、教育科学技术部下属的韩国学中央研究院与国立国际教育院①、文化观光部下属的韩国文化院和国立国语院等。一些企业也设立了支援学术研究的财团，例如 SK 集团设立的高等教育财团等。在这些财团支援的研究项目中，与中国的学术交流项目 直占很大的比重。这些学术交流援助财团在成立初期侧重于在海外推广韩国语教学，经过长期积累培养了一批海外韩国学研究人才。随着韩国研究在海外逐渐形成规模，韩国国内的国际问题研究队伍成长壮大，这些财团在 2005 年以后纷纷引入“新韩国学”概念，通过设立研究项目和培养海外韩国学学者的方法，积极推动海外地域学和传统人文社会学科交叉领域的研究。与此同时，这些财团还通过鼓励韩国与海外学者进行共同研究、开办

① 其前身为韩国国际教育振兴院，负责在外同胞教育，通过政府途径邀请外国留学生并为其提供奖学金，组织学生与老师间的国际交流活动。

国际学术论坛的方式帮助韩国的学术界在海外建立合作网络，提高韩国学术界的海外声望。

韩国国际交流财团主要致力于推动韩国以及海外的韩国学研究、文化交流事业和公共外交事业。韩国国际交流财团开设有韩国语课程，培养了大批韩国学教师，并积极向海外高校派遣韩国语教师。韩国国际交流财团针对国外韩国学学者设立了“韩国语奖学金”、“韩国学专业研究生奖学金”、“博士后奖学金”和“访韩研究奖学金”，并经常支援世界各地的韩国学学术活动。在公共外交领域里，韩国国际交流财团积极邀请海外领导人、未来领导人访韩，建立与海外各界人士之间的交流网络。韩国国际交流财团经常以国际热点问题为主题召开国际学术研讨会，促进韩国学术界与国外学术界的沟通与相互理解，帮助韩国学者扩大全球影响力。中韩建交以来，中国有很多研究生和学者通过韩国国际交流财团的援助项目访问韩国并开展学术研究。以国际交流财团的“体验韩国交流学者”项目为例，自 1992 年至今，共有 74 个国家的 937 名学者得到了该项目援助，而其中中国学者为 234 人，约占 25%。韩国国际交流财团还设有“韩国语交流学者”项目、“韩国专业硕博士生奖学金”项目、中国教育者韩国学研讨班等，这些项目支援了海外的韩国语教育与韩国学研究。自 1992 年至今，获国际交流财团支援而访韩的中国学者、硕博士生以及韩国学领域教育者的数量达到了 1373 人。韩国国际交流财团从 1995 年起援助举办“中国韩国学大会”，初期每两年举办一次，现在每年举办一次。这一学术大会涉及五个学科里的韩国相关研究：历史文化、社会经济、政治外交、宗教哲学和文学艺术，来自中国和韩国的学者们在“韩国学大会”上发表最新研究成果，讨论今后韩国学研究的课题与发展方向，大大推动了中国的韩国学研究。韩国国际交流财团不但支援中国普通高校的韩国学研究，而且积极寻求与中国政府人才建立联系。2009年韩国国际交流财团支援中国中央党校开设了名为“朝半岛与东北亚合作”的课程，并同时开设了一系列韩国相关讲座。这一课程提高了在此研修的中国中高级干部以及硕博士研究生们对朝鲜半岛问题、东北亚合作问题的兴趣。围绕这些课程和讲座，中央党校邀请韩国学者来校讲课或者讲演，促进了中韩学术界以及政治界的相互了解。[①] 除此之外，韩国国际交流财团还具体主管中韩两国政府设立的“中韩共同研究课题”，组织两国学者对中韩关系进行评估，并为中韩关系的发展方向提出建议[②]。

韩国学中央研究院致力于在海外推动韩国学研究。韩国学中央研究院的前身是1978年成立的韩国精神文化研究院，创立之初以整理和弘扬韩国文化为目的，后来随着韩国国家影响力的上升，精神文化研究院也重新定位为“全世界韩国学研究的中心”。韩国学中央研究院主要从事与韩国文化相关的人文社科领域研究，并设有韩国学大学院，致力于在韩国和国外培养从事韩国学研究与教学的人才。该研究院积极参与韩国学研究成果的出版和推广宣传，编纂了《韩国民族文化大百科辞典》和《韩国乡土文化电子大典》等大型工具书。韩国学中央研究院拥有韩国学研究的资料库和信息库，积极与海外相关研究机构合作，支援海外韩国学研究。自中韩建交以来，韩国学中央研究院通过短期研修班和提供研究生奖学金的方式为中国培养了很多韩国语和韩国学教育人才，并且一直与中国的韩国学界保持紧密联系，与中国学者开展共同研究，为中国的韩

---

① 详见韩国国际交流财团网页，www. kf. or. kr。

② 详见韩国国际交流财团网页，www. kf. or. kr。

国学学者提供研究和出版资助①。

韩国高等教育财团是 SK 企业集团旗下的一家非赢利性机构，成立于 1974 年，是韩国最大、历史最久、专注于教育的公益财团。高等教育财团积极支援国际学术交流活动，主要关注亚洲地区，邀请亚洲的优秀学者到韩国的大学以及研究机构进行学术研究。这种做法促进了国际学术交流和学术合作，增进了亚洲国家的学术发展和相互了解，提升了韩国学术界的影响力。为了使受邀访韩的海外学者在韩国生活期间能够更多地了解韩国，高等教育财团开设了韩国语讲座和韩国学讲座，并提供文化旅行和产业参观的机会。截至到 2011 年底，高等教育财团已经通过这一项目接待了来自中国 59 个大学和学术机构的 455 名中国学者，支援了他们在韩国进行各种学术活动，构建起了亚洲学术研究合作网络。高等教育财团为很多国际学术会议提供援助，每年从世界各国邀请著名学者和专家对人类共同面临的问题进行讨论，目的是推动亚洲和世界学者之间的交流，为整个人类文明和共同繁荣做出贡献。在中国，韩国高等教育财团与几家大学共同定期举办论坛，例如在北京召开以文化为主题的“北京论坛”，在上海召开以经济为主题的“上海论坛”。北京论坛创立于 2004 年，创办宗旨是促进“文明的和谐与共同繁荣”（Harmony of Civilizations and Prosperity for All），由韩国高等教育财团、北京大学、北京市教育委员会共同举办，每年举行一届。② 上海论坛创立于 2005 年，由复旦大学主办，以“关注亚洲、聚焦热点、荟萃精英、推进互动、增强合作、谋求共识”为宗旨，致力于打造学界、政界、商界三

---

① 详见韩国学中央研究院韩国文化交流中心网页，www. ikorea. ac. kr。

② 详见韩国高等教育财团网页，www. kfas. or. kr。

方交流互动的平台，邀请各界精英领袖开展对话与合作，力求就当今全球经济和国际局势所面临的重大问题进行广泛、多维和深入的研讨，为亚洲经济、政治、社会和文化的全面进步建言。①

韩国国立国际教育院主要负责管理政府奖学金项目、管理国际人才并支援海外的韩国语教育。具体工作包括：管理韩国与其他国家之间的政府奖学金项目，选拔、支援海外优秀学生赴韩留学，同时选拔优秀韩国学生赴海外留学；建立海外优秀人才库并对其进行管理维护；面向海外韩侨开发并提供韩国语教学教材和网上课件；管理和推广韩国语能力考试。国立国际教育院对中国的韩国语教学起到了很大的推动作用，从 1998 年开始，国立国际教育院每年都从中国设有韩国语专业的主要大学中选拔优秀学生赴韩国学习韩国语和韩国学。现今，这些学生中的很多人已经成为韩国语教学以及韩国学研究的骨干。

（二）中国的中韩学术交流支援机构

中国目前仍缺少支援国内外合作学术研究的特定机构，但是中国在海外开设的孔子学院和孔子学堂起到了推动汉语教学以及弘扬中国文化的作用，孔子学院也定期举办一些中国文化论坛，邀请中外学者参加，一定程度上起到了推动海外中国学研究的作用。截至 2014 年 10 月，中国国家汉语办公室在全世界的 125 个国家（或地区）通过单独或者与当地学校联合的方式建立了 471 所孔子学院和 730 个孔子学堂。韩国的孔子学院的数量最多，有 19 所，另外还有 4 个孔子学堂②。韩国的孔子

① 详见韩国高等教育财团网页，www. kfas. or. kr。
② 资料来源：国家汉办，http：//www. hanban. edu. cn/。

学院除了向韩国人提供汉语、中国文化方面的学习资料和相关课程，并定期举办汉语大赛之外，还设有“中国访问”项目，支援韩国的年轻人访问中国。韩国孔子学院定期举办的“中韩文化论坛”、“中韩教育论坛”等活动也推动了中韩文化和教育研究领域里的合作交流。

长期以来，中国的韩国语教育、韩国学研究以及中韩合作研究主要是由韩方推动的。但是，近年来随着中国“周边治理意识”的增长，中国政府加大了对朝鲜半岛研究的投入，中方在朝鲜半岛研究中的主导性因此而增强。

三、中韩学术交流活动

中韩两国学术研究机构之间的交流非常频繁，两国学术界共同参与的论坛、学术会议、共同研究项目数量众多。根据2009 年 7 月韩国学术振兴财团的统计，从 2005 年到 2009 年的5 年间，韩国的各种学会以及研究机构与中国相关机构进行的学术交流案例分别为 389 项和 1296 项。[①]

中韩学术交流的参与机构包括研究所、大学和企业等。在中国，韩国学方面的研究所或者研究中心有 70 多家，[②] 其中高校设立的韩国研究所和研究中心有 20 多个。韩国学研究中心最初主要集中在北京、上海、山东和东北地区的高校内，后来

① 韩国的学会和研究机构同期与美国进行的学术交流分别达到 797 项和 1908 项，与日本进行的学术交流分别达到 418 项和 1761 项。韩国与中国的学术交流数量虽然不及美日，但也已经非常可观。详见韩国研究财团网站，www. nrf. re. kr。

② 青岛大学、南京大学、温州大学、华东师范大学、中国海洋大学、山东师范大学、中山大学等大学和浙江省社会科学院、山东省社会科学院等研究机构也设有韩国相关研究所。详见朴光海：《论韩中文化交流的发展》，山东师范大学硕士论文，2009 年 6 月；蔡美花：《东亚韩国学方法之探索》，载《东疆学刊》，2008 年第 2 期。

逐渐扩展到中国的南部和中西部地区。在70多家韩国研究中心里，北京大学、复旦大学、浙江大学、延边大学、辽宁大学、山东大学、中国语言文化大学、南京大学和中山大学的研究活动最为活跃，并且开设了很多韩国学方面的讲座。除了各韩国研究中心专注于韩国研究之外，中国的高校和研究机构里还有很多亚洲研究中心、东北亚研究中心和亚太研究中心，这些学术机构也把韩国作为重要研究对象。这些研究机构除了研究朝鲜与韩国的政治、经济、历史、文化之外，也向中国民众介绍韩国，向政府提供相应的政策建议。在韩国众多学术财团的推动下，中国的朝鲜半岛研究在国际问题研究中表现得非常活跃。①

韩国学术机构对中国的研究兴趣非常高，大学、企业、媒体、民间组织以及政府部门设立的中国研究机构超过100家，所有政府、企业下属的研究机构都设立了中国研究部门。在中国研究方面比较活跃的韩国研究所有高丽大学的亚洲研究所、国语大学的中国研究所、庆南大学的远东问题研究所、汉阳大学的亚太地区研究中心、西江大学的东亚研究所和峨山企业集团的峨山政策研究所等。在中国研究方面比较活跃的韩国学会有中语中文学会、中国史学会、中国学会、中国学研究会、中国人文学会等。② 除此之外，几乎所有学科的学会内都单独设有中国学会，例如韩国国际政治学会内设有中国政治学会、社

① 从中韩建交到2000年以后的几年里，中韩学术机构共同举办的学术交流活动一直由韩方承担大部分经费，但现在中国学术机构的财政状况大幅改善，一般由双方共同承担活动经费。

② 牛林杰：《中韩建交以来两国文化教育交流综述》，载《东北亚论坛》，2007年9月，第112页。

会学学会内设有中国社会学学会等。① 与此同时，韩国出现了一大批与中韩交流相关的协会，例如韩中文化协会、韩中友好协会、韩中文化友好协会、韩中亲善协会、21 世纪韩中交流协会、韩中经营人协会、韩中文化青少年协会（又称作“未来之林”）、韩中女性交流协会等。这些协会为增进两国间的交流合作做了大量工作，定期或者不定期地举办政治、经济、文化艺术、宗教等各种学术领域的论坛，为中韩学术界提供了广阔的交流平台。

中国的韩国相关研究机构和韩国的中国相关研究机构（主要指大学和研究所）之间签订了很多交流协议。双方经常通过这些协议互相邀请对方专家学者到本单位讲学、做学术报告、参加学术研讨会、合作举办学术会议等。缔约双方还交换相关领域的图书、研究资料，合作进行课题研究。今天，在中国学术机构的对外交流中，与韩国的合作最为活跃。

四、中韩学术交流人才库

经过 20 多年的积累，中韩两国的大学和研究机构已经培养出一大批韩国学和中国学领域的专家学者。在中国，有 20 多所重点大学设有韩国语专业，韩国语专业的毕业生以及在韩国学成归国人员成为韩国研究人才库的重要组成部分。2009 年，在韩国留学的中国人中硕士生有 7113 人、博士生有 1346 人，在中国大陆学习的韩国学方向硕士生有 5422 人、博士生有 1416 人。从 1992 年到 2014 年，中国大学里与韩国相关的硕

① 全圣兴：《韩国与中国社会文化领域的交流》，载《新亚细亚》，2010 年第 17 卷第 2 号，第 179—196 页。

士毕业论文出现了 9325 篇，博士论文出现了 1355 篇。[①]

在韩国，设有中国相关学科的综合大学有 123 所、专科大学有 44 所。[②] 2010 年韩国教育科学技术部的统计显示，以“中国”为研究对象的硕博士点加上以“东亚”为研究对象的硕士点，其数量达到了 170 个。[③] 韩国国会图书馆的互联网检索结果显示，1992 年至 2014 年，与中国相关的硕士毕业论文约 16000 篇，博士论文有 1640 篇。[④] 韩国研究财团的数据显示，截止 2009 年，赴中国大陆留学取得博士学位的韩国人共有 1005 人，赴中国台湾留学取得博士学位的韩国人共 365 人，而这些人都可以称得上是中国研究方面的专家。[⑤]

韩国的中国学研究以及中国的韩国学研究都有庞大的语言人才基础。在韩国，中韩建交后，汉语课在韩国的各级学校里像雨后春笋般迅速增加。汉语作为韩国中小学生可以选择的第二外语，其受欢迎程度最高。自新汉语水平考试（HSK）2009 年开始在海外组织实施以来，韩国考生的数量就占了全球的一半。2011 年，HSK 海外考生数量为 131500 人次，韩国本土参加考试的考生数为 65767 人次。韩国考生多为中青年甚至少年，16 岁至 35 岁约占 85%，15 岁以下考生约占 8%，36 岁至

① 在万方数据库中检索主题词包括“韩国”的毕业论文所得到的结果。

② “‘中国不是选修而是必修’，相关专业 30 年间增长了 12 倍”，［韩］《中央日报》，2009 年 9 月 28 日，http：//article. joins. com/article/article. asp？Total_ ID = 3796930。

③ 李奎泰等：《韩国的中国学科与中国的韩国学：研究趋势比较》，载经济 · 人文社会研究会编：《对中国综合研究合作研究丛书》（10 - 03 - 43），2010 年。

④ 在韩国国会图书馆检索主题词包括“中国”的毕业论文所得到的结果。

⑤ 从 2001 年到 2009 年，韩国平均每年有 56. 8 人取得了与“中国”相关的学位，而每年平均有 77. 8 人在中国取得博士学位并向韩国研究财团登记。2010 年，在韩国的“中国”相关专业博士中，有 828 人毕业于韩国，1005 人毕业于中国大陆，365 人毕业于中国台湾，3 人毕业于中国香港，共计 2201 人。

45 岁约占 6%。[①] 在中国的大学里，截止 2011 年初，韩国语专业的在校生超过了 1 万人。目前中国高校的韩国语教育规模虽然排在英语、日语、俄语、德语和法语之后，但却是近年来成长最快的第二外语。2014 年，韩国语能力考试在全球的 46 个国家举行，参加考试的考生总数为 72079 人，其中中国考生人数最多，为 25142 人，远远超出占第二位的日本考生数量（8002 人）。[②]

五、中韩学术交流的成果

随着中韩之间相互研究规模的增长，关于对方国家的研究成果数量也在增加，其中很多以公开出版物的形式面世。从 1945 年到 2009 年，在中国出版的韩国研究成果共有 14119 项，其中包括：书籍 2440 本，占 17.3%；硕士论文 1123 篇，占 8%；博士论文 112 篇，占 0.8%；学术期刊论文 10444 篇，占 74%。另有统计数据显示，在 1992 年至 2005 年的 14 年里，中国境内出版的韩国研究方面的书籍（包括专业研究书籍、翻译书籍、编著书籍和字典等）有 1336 部，各种公开刊物上发表的韩国学方面的论文有 5765 篇。[③]

中韩建交后，中国国内出现了一些在全国范围内发行的专

---

① 解妮妮等：《新汉语水平考试（HSK）在韩国实施情况报告》，载《中国考试》，2012 年 4 月，第 69—71 页。

② “topik 韩国语能力考试应试者史上最多”，《韩国日报》2014 年 5 月 30 日报道，http：//www. ikoreadaily. co. kr/news/articleView. html? idxno = 93084。

③ 1945—1999 年的 55 年间的研究成果共 5688 项，2000—2009 年的 10 年间的研究成果共 8451 项，后 10 年的成果数量超过了前 55 年。参见沈定昌、刘大军主编：《朝鲜半岛相关文献目录（1992—2005）》，辽宁民族出版社 2008 年版；李奎泰等：《对韩国中国学与中国韩国学研究趋势的比较分析》，经济 · 人文社会研究会编：《对中国综合研究合作研究丛书》（10 - 03 - 43），2010 年。

门介绍韩国学研究成果的核心期刊。其中，复旦大学韩国研究中心主办的《韩国研究论丛》最早被认定为中国的核心学术期刊，北京大学韩国研究中心主办的《韩国学论文集》也被认定为中国的核心学术期刊。除此之外，中国社会科学院主办的《当代韩国》也是专门登载韩国学领域研究成果的学术期刊。

从 1945 年至 2009 年，在韩国出版的与中国相关的研究成果共有 43114 项，其中包括：书籍 5680 本、硕士论文 6970 篇、博士论文 794 篇、学术刊物论文 29670 篇。2000 年以后，关于中国的研究成果数量出现了爆炸式的增长，中国成为韩国地域学中最主要的研究对象。[①] 2015 年 3 月，笔者对韩国国会图书馆收录的学位论文进行了检索，结果显示：题目中包含“中国”的学位论文有 17648 篇，而与之相比，题目中包含“日本”的学位论文有 8235 篇，题目中包含“美国”的学位论文有 5543 篇。韩国人针对中国的研究虽然起步晚，但研究成果数量却在短时间内远远超过了对美和对日研究。[②] 不仅如此，韩国学术界还出现了一大批以中国为主要关注对象的核心学术期刊，其中比较有代表性的期刊有《中苏研究》、《中国学研

① 通过对韩国国会图书馆电子图书馆进行检索的结果显示，与中国相关的研究成果共 28868 项，与美国相关的研究成果共 20223 项，与日本相关的研究成果共 25838 项。参见李奎泰等：《对韩国中国学与中国韩国学研究趋势的比较分析》，经济·人文社会研究会编：《对中国综合研究合作研究丛书》（10-03-43），2010 年，第 37—38 页。

② 2006—2008 年出现的韩国学方面的硕博士论文中，文史哲领域有 186 篇，经济和经营学领域有 100 余篇，政治军事法律领域有 63 篇，教育和社会科学领域有 26 篇。2008 年 4 月在韩国读书的中国人硕士生有 5072 人，博士生有 1296 人，其中人文社会领域的硕士生有 3344 人，博士生有 545 人。他们的毕业论文大部分与韩中关系或者中国有关。2009 年韩国出入境外国人政策本部的统计显示，韩国的在校中国留学生中硕士生有 6406 人，博士生有 1165 人。参见李奎泰等：《对韩国中国学与中国韩国学研究趋势的比较分析》，经济·人文社会研究会编：《对中国综合研究合作研究丛书》（10-03-43），2010 年，第 42—44 页。

究》、《中国研究》、《CHINDIA》和《东亚述评》等。

第四节　中韩之间的文化艺术交流

中韩建交以来，两国政府一直都非常重视推动文化交流，并将中韩两国相似的文化传统视作两国关系发展特有的基础。中韩两国政府签订了诸多与文化艺术交流、文化产业合作相关的协议，两国首脑以及友好城市之间经常共同发起“文化交流年”、“文化交流月”、“文化交流周”等活动。

但是，相比政府策划的文化艺术交流活动，中韩民间的文化产品输出更加引人瞩目。“韩流”是中韩交流中的一大亮点，狭义的“韩流”包括流行音乐、电视剧、电影、游戏乃至网络文学等大众流行文化，在近 20 年的时间里，虽然经历了几次波折，但却始终在中国的流行文化中占有重要位置，而且其影响力早已远远超出了文化领域。

一、政府主导的文化交流

自中韩建交以来，两国政府不断发起“中韩文化交流年”、“中韩文化交流周”、“中韩文化体育交流年”等活动。每逢“文化交流年”和“国家文化年”，中韩两国政府都会举办系列文化交流活动。例如在 2007 年的“中韩交流年”活动中，中国政府就曾经指定了 47 项中韩交流项目，其中大部分都是文化艺术交流。2007 年 4 月，“感知中国”活动在韩国开幕，这一大型活动一直延续到 12 月，活动内容丰富多样，包括图片展、艺术演出、媒体论坛、文化论坛、经济论坛、汉语演讲大会等，中国中央民族乐团、西藏民族歌舞团、少林寺武僧团等艺术团体都先后到首尔进行了演出。韩国政府同期也在中国举行了韩国传统饮食文化展、韩国电影展、韩国 style 展、韩国食品节等活动，韩国的原创音乐剧还在北京和青岛进行了巡回演出。[①] 在 2010 年的“中国访问年”和 2012 年的“韩国访问年”活动中，两国政府的相关部门再次互派文化艺术团体进行访问演出，组织了各种展览会、学术交流论坛、青少年交流活动、体育交流活动、电影电视广播交流活动、新闻出版界交流活动、图书馆交流活动以及博物馆之间的交流活动，促进了两国在各个领域里的文化交流。韩国政府在韩国开设了中国电视频道 HAO TV、CHINA TV 和中华 TV，中国政府也开设了专门介绍韩国文化的电视频道。

中韩政府主导的中韩文化艺术交流活动还扩展到日本，发展成为“中日韩文化直通车”活动。2007 年 6 月，中日韩外交部长举行会议并提出要定期举办三国之间的文化交流项目，即“中日韩文化直通车”项目（Northeast Asia Cultural Shuttle Project）。2007 年，釜山国际电影节中增添了“韩中日电影展”，这成为“中日韩文化直通车”项目的第一次活动。2008 年，在三国巡回举办的“装潢展”成为“中日韩文化直通车”项目的第二次活动。2009 年 7 月“韩中日青年嘉年华”作为“中日韩文化直通车”的第三次活动在首尔举行，这次嘉年华与“韩中日青年友好会面”等活动相呼应，邀请一些青年流行音乐组合以及音乐人进行了演出，还展示了三国青年带来的传

① “感知中国”是中国政府从 1999 年开始为了向世界宣传中国文化而举办的活动，曾经在法国、意大利、巴西和日本等地举办过。

统服装等。[①]

除了中央政府之外，中韩地方政府也都积极致力于推动中韩文化交流。截止2014年11月，韩国有15个道和135个城市分别与中国的省和城市建立了友好省道或者友好城市关系，[②]这些友好省道、友好城市也经常定期举行文化活动，例如韩国电影节、中国电影节、中韩友好节、韩国文化周、中国文化周等。以仁川的富平区和中国辽宁葫芦岛市为例，两个城市自1997年缔结姊妹友好城市以来一直坚持共同举办“中韩文化艺术交流节”，丰富了两市居民的文化生活，拉近了两市民众的心理距离。

在政府的推动下，中韩文化艺术团体频繁赴对方国家进行演出。中韩建交10周年时，两国政府启动了“中韩建交10周年纪念——中韩民间交流年”活动，自此之后，中韩民间文化艺术交流开始蓬勃发展，不仅参与交流者的水平不断提升，而且交流方法、形式和内容也日趋多样化。初期的中韩民间文化艺术交流主要局限于儒学、佛教、道教、文学艺术等专门领域，今天已经逐渐扩大到了音乐、舞蹈、广播、电视、电影、艺术、体育、美容、服饰、教育、出版、图书、展览以及旅游等与人们文化生活相关的几乎所有领域。参与中韩文化艺术交流的人员规模也非常庞大。现在中韩之间每年大约有200多个艺术团队、2000多名艺人赴对方国家进行访问演出，各种展览

---

① 参见“韩中日文化直通车”项目网页（http：//www. mofat. go. kr/webmodule/htsboard/template/read/korboardread. jsp? typeID＝6&boardid＝235&seqno＝323316）；韩国文化体育观光部（http：//www. mcst. go. kr.），检索日期：2011年10月19日。资料来源：中国国际友好城市联合会（http：//www. cifca. org. cn/Web/WordGuanXiBiao. aspx），检索日期：2014年11月3日。

② 资料来源：中国国际友好城市联合会，http：//www. cifca. org. cn/Web/WordGuanXiBiao. aspx，检索日期：2014年11月3日。

会在对方国家频频揭幕，各种文化访问观摩团穿梭于两国之间。[①] 访韩的中国艺术团主要来自于京剧、杂技、交响乐、歌舞剧、木偶剧、话剧、儿童歌舞剧等领域，而在访华的韩国艺术团中，流行音乐、现代舞蹈所占比例更高。中韩两国的国家级艺术团体，例如中国的东方歌舞团、民族乐团、人民艺术话剧团、国家杂技团以及韩国的国立芭蕾舞团、国立舞蹈团、国立歌剧团、国立乐团等频繁穿梭于中韩两国的各个城市进行演出。[②] 中韩艺术节还经常合作举办丰富多样的艺术展览，展出内容包括古代字画、古代文物、书法、篆刻、绘画、刺绣、工艺品等。目前，中国已经成为韩国美术作品光顾最频繁的海外展出地，占了韩国美术作品海外展的17.8%，[③] 而中国艺术家的作品也日益被韩国人所熟悉。

二、“韩流”的发展变迁

在中韩文化交流中，与政府主导的文化艺术交流相比，民间的文化交流特别是“韩流”所占的比重要大得多，对中韩两国文化、社会、经济以及中韩关系的影响也更加广泛而深远。自20世纪90年代后期登陆中国以来，“韩流”在中国经历了几个发展阶段，以下将分时期概括“韩流”在中国的发展

① 中韩文化协会于1942年在中国的战时陪都重庆成立，当时协会的成员由韩国临时政府的领导人和中国国民党、共产党领导人三方参与组成。中方的初任会长是孙文的儿子、时任中华民国立法院长的孙科，中国共产党代表周恩来担任名誉理事，韩国临时政府外交部长赵素昂担任韩国方面的会长。

② 资料来源：中国驻韩大使馆网页，http://www.chinaemb.or.kr/kor/zhgx/wenhua-kr/t186962.htm，检索日期：2012年11月28日。

③ 资料来源：韩国文化体育观光部网页，http://www.mcst.go.kr/web/dataCourt/reportData/reportView.jsp?pSeq=573，检索日期：2012年11月30日。

变迁。

从20世纪90年代后期到2005年前后是“韩流友好期”也是“进口韩流期”。这段时间里，韩国的音乐、电视剧、电影等大众流行文化进入中国，引发了中国人对韩国文化产品乃至所有韩国产品的喜爱。2005年以后，“进口韩流期”走到了顶峰，但中国社会也逐渐出现了“厌韩情绪”，文化领域里出现了“抵制韩流”的呼声。但是“韩流”对中国文化的影响并未因此停止，中国进入了“抵制韩流期”，但同时也是“拷贝韩流期”。自2010年左右开始，“韩流”通过互联网再次进入中国，以电视综艺节目为代表的“拷贝韩流”大量涌现，吸引中国资本进入韩国文化产业领域，“韩流”开始进入“中韩共同制作期”。

（一）“韩流友好期”与“进口韩流期”

在“韩流”中，首先登录中国的是韩国流行音乐。韩国流行音乐在20世纪90年代进入中国后，首先影响了中国的年轻人。1996年9月，中国国际广播电台第一次介绍了韩国音乐。自1997年7月开始，由在华韩国演出企划公司策划的“汉城音乐厅”节目在北京、上海、天津、成都、广州等中国10多个城市的电台播出，播出时间为每周3次、每次1小时，获得了超过10%的高收听率。“汉城音乐厅”可以看作是“韩流”文化进入中国的开始。1998年6月，中国的歌星孙悦翻唱了韩国音乐组合“酷龙”的歌曲，这首名为《快乐指南》的歌曲一时间响遍大街小巷。随后，中国的另一名歌星孙楠翻唱了韩国歌手申胜勋的《I believe》，也获得了热烈反响。从此开始，中国人对韩国音乐产生了浓厚兴趣。也是在同一年，韩国音乐组合HOT的专辑《幸福》成为第一张获得中国政府发行许可的音乐专辑，并且迅速攀升至北京音乐专辑销售榜的第9位，韩语流行音乐从此开始在中国流行乐坛占据一席之地。1999年11月，韩国“酷龙”组合在中国举办了音乐会，这场音乐会是韩国歌手在中国举办的第一场音乐会，获得了巨大成功，中国报纸在报道这一音乐会的盛况时第一次使用了“韩流”一词。2000年2月，“HOT”的北京演唱会吸引了13000多名歌迷，再次上演了一票难求的空前盛况，“韩流”一词也成了流行语。[①] 同年7月，已经通过电视连续剧成为中国人心目中当红明星的安在旭在北京举办演唱会，再次掀起了“韩流”音乐热潮。此后，韩国流行音乐在中国市场上不断书写奇迹，音乐组合“NRG”和“HOT”分别有着销售20万张唱片和40万张唱片的记录，张娜拉的第一张唱片则在中国销售了100万张[②]。中国巨大的消费市场吸引着韩国的歌星和演艺公司，此后韩国的流行音乐组合都同时活跃在中国和韩国的音乐市场，例如“少女时代”、“神话”、“东方神起”、“Super-junior”、“EXO”等。2000年以后，“韩流”音乐积极吸收中国年轻人加入。在韩国的演艺公司独特的“造星”能力的吸引下，越来越多的中国年轻人进入韩国的SM等演艺公司当练习生，与韩国年轻人一起追寻“明星梦”，韩庚、吴亦凡、鹿晗就是其中的成功案例。

在“韩流”文化中，对中国大众文化影响更深远、影响人群更广的是韩国电视剧。1997年，《星梦奇缘》在凤凰卫视播

---

① 此后出现了很多与韩国相关的网站，如“韩国音乐流”、“先锋韩流”、“倾听韩流”、“韩流基地”、“韩流帝国”、“韩朝风”等。

② 李俊泰：《韩中文化交流回顾与展望——以建交后不同领域的交流案例为中心》，载《东洋学研究》第7辑，2001年；崔慧实：《韩流文化与东北亚共同体》，集文堂，2010年；汝信：《中韩关系——简略回顾与展望》，载《当代韩国》，2007年第3期；詹小洪：《“韩流”文化盛行于中国及其原因》，载《文化研究》，2007年春季号。

出后获得了成功。几个月后，《爱情是什么?》在中央电视台播出，创下了4.3%的高收视率。自中国播放外国连续剧以来，这一收视率排名第二，韩国电视剧从此闯入中国人的视野。由于价格相对低廉而且收视率高，2000年以后，中国的电视台大量引进韩国电视剧，韩剧成为中国“海外剧场”的主流，《蓝色生死恋》、《人鱼小姐》、《看了又看》、《澡堂老板家的男人们》等韩剧都曾占据收视率榜首。以2002年为例，这一年中国内地电视台共播放了67部韩剧。到了2004年，仅中央台就引进了3部韩剧，中国各大电视台引进的韩剧总数达到107部之多。2005年，湖南卫视播放了韩国电视剧《大长今》，将“韩剧热”推向了最高潮。《大长今》是迄今为止中国观看人数最多的海外电视剧，观众达到1亿8千万，《大长今》的大结局在香港的收视率达到了史上最高的47%，[①] 播出时的盛况可以用“万人空巷”来形容。在《大长今》之前播出的韩国电视剧主要被青少年和女性所喜爱，但《大长今》却抓住了中年男性的眼球，将“韩流”的影响力扩大到了更加广泛的人群中。2005年10月，中国的新浪网曾经针对韩国电视剧进行问卷调查，一天之内就有26000多人应答，韩国电视剧对中国的影响已经远远超过了日本、美国，及中国香港、台湾电视剧。[②]

在“韩流”文化中，韩国电影与电视剧相比，流行程度较低。中国政府对海外电影的进口有数额限制，对进口电影内容的检查也非常严格，韩国电影在中国公开上映的不多。但是韩

① 白源谭:《东亚的文化选择，韩流》，首尔：Pentagram，2005年，第390—393页。

② 韩国电视剧在中国播出了1480万集，日本电视剧在中国播出了931万集，美国电影在中国上演了891万次，韩国电影在中国上演了268万次。由此可见韩国电视剧在中国的影响力之大。

国电影还是通过盗版光盘、互联网等渠道被中国人所熟悉，在中国的海外电影中占据了一席之地。

受“韩流”影视作品的带动，韩国的流行小说也被翻译成中文出版，并得到了中国年轻人的喜爱。在被介绍到中国的韩国文学作品中，89%都是现代文学作品，[①] 由韩国影视剧本改编的小说以及互联网作家的作品尤其受欢迎。例如韩国电影《我的野蛮女友》在中国上映后，以其剧本为基础翻译出版的小说就曾在书店里热卖。2002年韩国互联网文学作家金何仁创作的小说《菊花香》在中国翻译出版后获得了巨大成功，连续18个月位居中国文学小说畅销书首位。而另一位互联网小说家可爱淘的作品《那小子真帅》也曾在中国热卖。

（二）“抵制韩流期”与“拷贝韩流期”

《大长今》的热播标志着以进口电视剧为主的“进口韩流”走向巅峰，中国人因为这些韩流产品对韩国产生了浓厚的兴趣，几乎韩国的所有出口产业都因此而受益，“韩流”成为促进韩国对华出口的功臣。但也是在2005年，中国的影视界开始向“韩流”挑战。在这一年的上海电视剧节上，中国电视从业者对中韩影视剧市场贸易的不均衡现象提出了质疑，批评中国广播电视总局给韩国连续剧让出了太多的黄金播出时间，此后韩剧在黄金时间播出的现象大大减少。与此同时，中国兴起“嫌韩流”，部分中国人因为对韩国持有负面感情进而批判韩国影视剧。另一方面，韩剧的剧情过于单一，短时间内大量韩剧的热播使中国观众对韩剧产生了一定的审美疲劳。在这些

---

① 林春城：《对于中国大众文化如何接纳韩国文化的超国家研究》，载《中国学报》，第57卷，2008年，第227—247页。

因素的共同作用下，2005 年之后，韩剧在中国的热度开始消退。2012 年国家广电总局发布《关于进一步加强和改进境外影视剧引进和播出管理的通知》，《通知》规定境外影视剧不得在黄金时段播出，各电视频道每天播出的境外影视剧不得超过该频道当天影视剧总播出时间的 25%，并要求电视台避免在一段时期内集中播出某一国家或地区的境外影视剧。这一《通知》对于占中国海外进口电视剧大多数的韩剧而言是一大打击。中国电视台减少了韩剧进口后，韩剧在中国经历了一段退潮期，但在 2013 年前后通过互联网迎来了又一个高潮。

2013 年，《继承者》、《来自星星的你》通过互联网在中国同步播出，受到了中国网民的热烈追捧。《继承者》的男主角李敏镐登上了中国的春节联欢晚会，而《星星》中的“都教授”也成了最炙手可热的中国电视广告代言人。截止到 2014 年 2 月 28 日，《星星》在中国视频网站获得了 13 亿的点播量，《星星》的播出带红了视频网站爱奇艺，这些视频网站也开始更加积极地与韩国娱乐产业合作，甚至开始尝试与韩国娱乐业合作制作节目。①

2005 年之后，以电视剧为代表的“进口韩流”规模虽然有所萎缩，但“韩流”对中国人审美情趣和消费习惯的影响却仍在持续。中国的音乐、影视剧、服饰等文化和时尚行业对“韩流”的学习与模仿一直没有停止。中国各地政府都不断研究韩国政府的文化产业扶植政策，文化娱乐企业更是积极学习韩国企业的运作方式，与韩国企业签署了大量合作协议，并频繁派人员到韩国学习技术和经营模式。2014 年，中国出现了

① 吴倩：《新媒体环境下韩剧热播原因探析》，载《今传媒》，2015 年第 2 期，第 86 页。

"练习生培训基地"，就是模仿韩国娱乐产业艺人培养模式的一个案例。中国的文化娱乐产业不断吸收韩国技术和韩国艺术元素，聘用韩国技术人员或者艺人参与产品制作的现象也越来越普遍。中国的年轻人怀揣明星梦进入韩国的娱乐公司接受教育培训，其中也不乏成功者。"韩流"的影响不仅仅局限于文化消费，而是在潜移默化中改变了中国人的审美情趣。统计显示，2014 年赴韩整形的中国人超过了 56000 人，从 2005 年到 2013 年，在淘宝上购买韩版服装的消费者达到 1 亿 1800 万人次，韩国电视剧中的着装与发型经常引领中国人的时尚，"韩版"、"韩范儿"的风格在各种消费品设计中占据了一席之地。

经过"韩流"十多年的熏陶，近年来中国相关行业正在尝试以一种新的方式参与"韩流"制作，也就是"拷贝韩流"。"拷贝韩流"的特点是对在韩国获得成功的产品进行"中国化"的修改。"拷贝韩流"有两种途径，第一种途径是中国企业通过学习和模仿"韩流"元素而成为"韩流"产品的制造者。以服装为例，很多服装企业模仿韩国服装的设计元素，"韩都衣舍"就是其中的成功案例。2010 年，"韩都衣舍"成长为中国的"十大网货品牌"之一，并在 2012 年至 2014 年连续蝉联互联网女装销售第一位。[①] "拷贝韩流"的第二种途径是中国企业购买韩国文化产品的版权后进行改编。2012 年，中国广电总局发布《关于进一步加强和改进境外影视剧引进和播出管理的通知》[②]，进一步限制了韩国电视剧的进口。但是韩国

① 《韩都衣舍 2014 交易额 15.7 亿，未来或在港挂牌上市》，凤凰财经，http://finance.ifeng.com/a/20150104/13404226_0.shtml，检索时间：2015 年 4 月 26 日。

② 2012 年国家广电总局发布《关于进一步加强和改进境外影视剧引进和播出管理的通知》，《通知》规定境外影视剧不得在黄金时段播出，各电视频道每天播出的境外影视剧不得超过该频道当天影视剧总播出时间的 25%，并要求电视台避免在一段时期内集中播出某一国家或地区的境外影视剧。

文化产业相比中国具有发展优势，文化产品在中国有广阔的市场，行政制度难以阻挡韩国文化产品进入中国的电视台，因此转而大量“拷贝”韩国产品。从2013年开始，中国电视台几乎买光了韩国热播的综艺节目，2014年翻版韩国综艺节目在中国电视上出现了井喷现象，标志着“拷贝韩流”进入了成熟阶段，其中收视率较高的节目有：湖南卫视从韩国MBC电视台购买的“我是歌手”、浙江卫视从SBS电视台购买的“奔跑吧兄弟”、浙江卫视向KBS2购买的“爸爸回来了”、湖南卫视向MBC购买的“爸爸去哪儿”以及东方卫视向MBS购买的“两天一夜”等。中国电视台在购买了这些节目的版权后，往往与韩国的制作团队合作对节目进行改编制作，使其更加迎合中国观众的口味。

（三）“韩流共同制作期”

“进口韩流”与“拷贝韩流”的成功使中国资本看到了韩国文化产业的竞争力，中国人的“韩流”消费开始驱动中国资本逆流进入韩国国内的“韩流”产业。2014年前后，中国文化企业开始大规模购买韩国的文化内容企业，搜狐、腾讯、华策影视等企业都成为韩国文化内容企业的大股东，爱奇艺、优酷等视频网站也凭借巨大的中国市场与韩国文化内容制造企业建立起了合作关系，并开始尝试共同制作影视产品。以腾讯、阿里巴巴、华为为代表的互联网巨头均已进入韩国。腾讯继2012年出资4亿人民币入股韩国最大的即时通讯媒体Kakao-Talk之后，在2014年又投资5亿美元入股韩国第三大游戏公司CJ Games。阿里巴巴于2014年在韩国设立子公司，开展支付宝、娱乐、游戏、电商业务。韩国内容振兴院的统计数据显示，2014年中国在韩国游戏、综艺节目、广告、电影等内容制造产业的投资比 2013 年增长了 180%。除了“韩流”的核心竞争力——文化内容产业之外，中国资本也开始进入服装、整容、化妆品、酒店等“韩流”周边消费产业。其中发生在 2014 年的大规模投资包括：万达集团 2014 年宣布对韩国时装企业衣恋集团投资，恒大集团收购韩国知名整形连锁机构原辰等。

第二章

中韩人文交流的意义以及存在的问题

中韩之间的人文交流对于两国社会以及中韩关系都产生了深远的影响，其中不乏积极因素，但也在两国社会引发了一些社会问题，伴随产生了一些影响中韩关系健康发展的因素。本章将分观光交流、留学生交流、劳动力流动、学术交流以及文化交流五个领域，分别讨论五个领域里人文交流的意义以及存在的问题。

第一节　中韩观光交流的意义以及存在的问题

俗话说“百闻不如一见”，与媒体等间接信息渠道相比，亲身的访问经历更容易影响一个人对其他国家的认识。2014 年来华韩国游客为 185 万人次，赴韩中国游客达到 477 万人次，频繁的观光游拉近了中韩两国民众的心理距离。但是，调查研究结果发现，无论是到中国观光过的韩国人还是到韩国观光过的中国人，他们的短期观光经历并没能提升他们对对方国家的好感度，因此中韩观光领域里存在的问题值得我们关注。

首先，廉价观光商品带来了很多负面影响。韩国游与中国游的便利性和经济性是推动两国间游客数量激增的重要原因，但低价的观光产品在今天已经成为两国观光业的发展瓶颈。在中韩两国的海外观光商品中，韩国游和中国游普遍都被定位为低端商品，很多旅行社陷入了价格战的恶性竞争。过于廉价的观光商品很难将两国文化的魅力完美呈现给游客，也很难保证服务的质量，是游客满意度不高的重要原因。相关访谈研究结果发现，有中国观光经历的韩国人对中国的自然风景、历史文化遗迹的评价非常正面，但对饮食的质量、宾馆和购物场所的卫生与服务质量非常不满，并因为旅行经历形成了中国“脏、乱、差”，“中国人唯利是图”的负面认识。① 针对中国游客销售的韩国观光商品也存在类似问题。相关的访谈研究发现，很多有赴韩观光经历的中国人认为，除了购物之外，韩国观光商品缺乏魅力。这使得韩国观光业非常担心，韩国的零售业一旦失去竞争力，中国游客很可能会大量减少。不仅如此，很多中国游客认为其所见到的韩国与韩剧中发达时尚的韩国形象相去甚远，因此韩国观光经历反而降低了他们对韩国的好感。②

中韩两国观光基础设施无论是规模还是质量都有待提升。中国的观光业发展起步于20世纪90年代，在此后较短的时间里，国内外观光游客数量迅速增长，而观光资源的开发以及服务、管理水平的提升却跟不上市场发展的需求。中国虽然地域广大、历史文化遗产丰富，但观光景点却往往人满为患，景点周边的安全、卫生状况不尽人意，观光商品的价格和服务质量也缺乏有效的管理监督。在韩国，近年来中国游客在短时间内迅速增长，使得韩国旅游市场上不仅中文导游严重不足，酒

---

① 针对有中国观光经验的普通韩国人的访谈结果，参见董向荣、王晓玲、李永春：《韩国人心目中的中国形象》，社科文献出版社2011年版。

② 针对有韩国观光经验的普通中国人的访谈结果，参见王晓玲：《中国人心目中的韩国形象》，民族出版社2009年版。

店、餐饮等观光业服务设施也都接近饱和，观光产品数量和种类也不能满足中国游客需求的迅速增长。

中韩两国观光业服务人员的素质有待提升。向来访的外国游客展示本国的优秀文化是提升本国形象的便捷途径，这同时也有利于吸引更多的外国游客来访，因此旅行社以及导游会尽量向游客们展示本国优秀的自然景观与文化传统。但是，目前在接待中国游客的韩国导游中，华侨以及在韩朝鲜族的比重较高，而接待韩国游客的中国导游中朝鲜族也占大多数。他们或者对所在国文化的理解与其他国民有所不同，或者其中一些人虽然语言上能够与游客便利沟通，但缺乏导游应具备的其他资质，这都不利于其正确介绍韩国或者中国文化。

中韩两国观光业还需要认真了解对方国家的文化以及对方国家游客的需求。两国的观光产业在设计产品和培养导游时应该更加有针对性，根据对方国家的文化特点，有意识地发掘和宣传本国文化的魅力。中韩之间虽然文化相近，但生活习惯、价值观与消费喜好仍然存在很大差异。今天中韩之间互访游客规模已经非常庞大，两国从业者应该认真研究对方的社会文化，减少向游客进行文化宣传时的错误，提供既适合对方国家游客喜好、又能为本国形象加分的观光产品。

第二节　中韩留学生交流的意义以及存在的问题

中韩两国互为最大的留学生来源国，这对于两国关系的健康发展有着深远意义。

首先，留学是深入了解对方国家的途径，当下中韩之间规模庞大的留学生队伍将来必定成长为两国的“知韩派”与

"知中派"，他们会影响本国社会对对方国家的认识，减少交流中的误会，提升中韩交流的效率。中韩民间交流规模巨大，在各个领域里都需要"知韩派"和"知中派"，"知韩派"和"知中派"的数量很大程度上决定着中韩交流的质量。

其次，两国间留学生的增加有助于扩大中韩交流规模。有着某个国家留学经历的年轻人在此后的职业生涯中会寻找与留学对象国相关的发展机会，这就会促使中韩经贸文化交流的规模进一步增长。韩国学者 Choe Jiyeong 针对在韩中国留学生进行的调查研究显示，17% 的留学生是"亲韩派"，75% 的留学生是"用韩派"，他们都希望利用韩国留学的经历找到与韩国有关的工作。[①] Mun Sangmyeong 针对在华韩国留学生进行的调查则显示，韩国留学生选择中国留学的主要动机依次"提高汉语水平"、"求职、升学"、"增长学问"。[②] 可见中韩之间留学生中的大部分人都希望借助留学经历在中韩交流领域里寻找职业发展的机会。今天中韩之间规模庞大的留学生队伍将来很可能活跃在中韩合作的第一线，进一步推动中韩合作的发展。

再次，了解是好感的前提，年轻时的留学经历很容易使这些留学生成为"亲韩派"与"亲中派"。留学生归国后，还会把对方国家的文化带回国，这也会加速两国间的文化融合。

中韩之间的留学生交流规模庞大，但两国高校对留学生的管理却有待加强。

首先，中韩两国之间留学生的生源质量有待提升。中国与韩国的大学的总体教育质量在全世界并不是一流的，这就注定很多优秀青年并不把中国和韩国视为最理想的留学对象国。中

---

① 崔智瑛：《在韩中国留学生对韩国的认识以及民族主义倾向》，载《国际政治论丛》，2011 年第 51 辑第 1 号，第 223 页。

② 文祥暝：《在华韩国留学生的生活空间研究》，圣心女子大学硕士论文，2004 年。

韩之间的留学生数量庞大，但学业佼佼者占比例不高。当然，越来越多的韩国年轻人因为看好中国的未来而选择来中国求学，中国年轻人中对韩国感兴趣的人也越来越多。但是，两国高校招收留学生很少受到本国教育部的限制，在招收留学生时存在着放低入学门槛的现象，从而导致两国留学生中优秀生源的比例差强人意。自 20 世纪 90 年代起，在华韩国留学生中就有很多人是因为在韩国考不上理想的大学而选择到中国留学。这些学生的学习积极性不高、自律能力差，不能积极融入中国社会。2000 年以后，因为高考失败而选择韩国留学的中国学生也越来越多，中国生源的低质量问题也开始困扰韩国高校。近年来，韩国因为人口结构变化而出现了高校生源减少现象，很多高校因此进一步放低了针对中国留学生的入学门槛，结果出现了部分中国留学生韩语水平差、学习能力低、不能积极与韩国老师和学生交流、生活在中国留学生小圈子里的现象。这些学生不仅很难完成学业，而且个人的身心健康问题也堪忧。

其次，两国高校针对留学生学习、生活的支援服务需要加强。留学生在求学过程中存在着语言和文化障碍，校方应该为其生活和学习提供更多的帮助。但是现在中韩两国高校对于留学生的帮助显然不够。有研究显示，很多在韩中国留学生因为难以适应留学生活而变得意志消沉，对韩国留学乃至整个韩国产生了负面认识。盲目降低招生门槛而又不能提供后续帮助，这不仅使得留学生的留学满意度较低，而且也妨碍了高校的教学质量，[①] 进而损害了本国学生的利益。不能完成学业的留学生往往得不到社会的认可，久而久之，用人单位会规避在中韩

① 针对两国高校教授以及学生的访谈结果，参见董向荣、王晓玲、李永春：《韩国人心目中的中国形象》，社科文献出版社 2011 年版。

两国留学的毕业生，优秀的青年人则会放弃到中国或者韩国留学。对于中韩交流来说，如果活跃在中韩交流领域里的人才质量相对较低，他们对中韩交流的促进作用就相对较小，甚至中韩两国在对方国民中的形象也会因此而受损。

再次，中韩两国应该为优秀毕业留学生提供持续支持。由于中韩两国的高等教育水平问题，无论是从韩国毕业的中国学生还是从中国毕业的韩国学生，毕业归国后在就业市场上的优势并不明显，难以与欧美留学毕业生竞争。目前从韩国毕业的中国学生和从中国毕业的韩国学生数量都已经非常多，但是其中能够活跃在政府、教育、学术和企业高层的比例却很低。韩国作为美国的同盟国，其社会精英中具有美国留学经历者的比例尤其高，甚至大学里招聘中国相关专业的教授也更青睐美国留学经历者，将能够用英文授课、是否在美国重要学术刊物上发表过英文论文作为选拔标准。这种社会氛围不利于韩国对华友好声音的增长。中韩两国政府以及相关机构应该为对方国家优秀毕业留学生提供持续支援，应该在中韩交流过程中有意识地使用具有对方国家留学经历的人才，才能更快地摆脱美国思维、美国价值观对中韩交流的影响，使中韩留学生在中韩合作中发挥更大的作用。

第三节　中韩劳动力流动的意义以及存在的问题

中韩之间的劳动力跨国流动是市场对劳动力资源进行调配的结果，但是劳动力的流动不仅具有经济意义，对两国社会以及两国关系也产生着影响。

韩国是中国重要的海外投资来源国，三星、现代、LG 等驻华韩国大企业同时也是中韩两国文化交流融合的空间。这些企业有着先进的管理制度、优厚的薪金待遇、良好的员工发展空间，成为中国年轻人亲睐的就业岗位。在进入中国十多年的时间里，这些韩国企业培养了一大批中国劳动者，韩国的企业文化也在潜移默化中影响着中国人。不仅如此，很多韩国企业经常积极宣传和推广韩国文化，支援中韩间的社会文化交流，例如“韩流”文化最初进入中国就是很多韩国企业牵线搭桥的结果，中韩之间的很多文化、学术活动也得到了韩国企业的赞助。驻华韩国企业还积极融入并回馈中国社会，例如为北京奥运会等体育赛事提供赞助、积极参与各种社会公益活动等。

大量的韩国企业既是中韩文化交流的空间，也是引发中韩文化摩擦、中韩社会碰撞的因素。在韩国企业里，韩国人与中国人合作是否顺利，不但影响到中韩经济合作的成果，也影响着两国民众的相互认识。相关访谈研究结果发现，与普通中国人相比，在韩企工作的中国人普遍更了解韩国，而长期在中国工作的韩国人更是韩国人中的“知中派”甚至“中国通”。但是，驻华韩企中仍然存在着文化摩擦。相关访谈研究发现，驻华韩企中的韩国员工一般都是中上级干部，是大多数中国员工的上级。在与中国员工一起工作的过程中，他们经常感到中国人与韩国人对待工作与生活的态度不同：与韩国员工相比，中国员工工作态度不积极，表现为拒绝加班；中国员工缺乏敬业爱社精神，仅仅把工作作为赚钱的渠道，跳槽频繁；中国员工对上级不够尊重，在工作过程中向上级请示、汇报较少，经常按照自己的想法做。[①] 与韩国上司相比，中国员工对韩国企业

① 针对驻华韩企中韩国员工的访谈结果，参见王晓玲：《中国人心目中的韩国形象》，民族出版社 2009 年版。

文化的不适应之处似乎更多，主要表现为：难以接受韩国企业的加班文化；难以接受韩国企业里家长式的上下级关系；难以接受韩国企业僵硬而缺乏竞争机制的人事考评制度；难以接受韩国企业注重形式、不注重效率的工作作风等，女性员工难以接受以男性为中心的企业文化等。[①]

中韩经济交流为中国的朝鲜族提供了更好的就业机会，朝鲜族群体的经济条件因此得到了大幅度改善。但是，朝鲜族劳动力人口的大量流出也引发了中国的朝鲜族自治区域的空洞化现象，给朝鲜族社会带来了一系列的问题。[②]

首先，朝鲜族劳动力人口的外流引发了朝鲜族社会的人口危机。

延边朝鲜族自治州的人口自 1996 年开始出现负增长，一直持续至今。1995 年至 2004 年，延边朝鲜族人口共减少 39475 人，平均每年减少 4386 人。1996 年人口自然增长率出现负数，为 -1.07%，到 2004 年扩大为 -1.46%。一般预计中国人口在 2030 年前后达到峰值，但延边朝鲜族人口比全国提前近 40 年出现了负增长。

中韩建交之前，延边属于经济落后地区，很多人从事农业生产，剩余劳动力较多，收入水平较低。中韩建交之后，大量朝鲜族赴韩国工作，其中很多人多次赴韩或者在韩国长期非法滞留。还有一些年轻人跟随韩国企业在中国的投资脚步，到中国的东南沿海城市工作并定居。中国第五次人口普查结果显示，流出省外定居的朝鲜族人口达 40725 人，占全州流出省外

① 针对驻华韩企中国员工的访谈结果，参见董向荣、王晓玲、李永春：《韩国人心目中的中国形象》，社科文献出版社 2011 年版。

② 朱锋浩：《中国朝鲜族社会的变化与课题》，载《韩国东北亚论丛》第 41 辑，2006 年。

人口的53.1%，占朝鲜族总人口的5.08%。被吸引走的人口不回流，造成了朝鲜族自治州的人口危机。朝鲜族妇女的低生育率也是造成延边朝鲜族自治州人口减少的重要原因。朝鲜族妇女的生育率历来较低，在1974年已经降到1.89，低于更替水平。中国实施计划生育政策后，朝鲜族与其他少数民族一样享有可以生二胎的权利，近年来朝鲜族自治州进一步放宽生育限制并采取了鼓励生育措施，但朝鲜族妇女的总和生育率仍不断下降，2007年前后下降至1.5，而延边朝鲜族妇女的生育率更低。朝鲜族的学历水平在中国所有民族中最高，这或许是朝鲜族长期以来低生育率的原因之一，但近年来生育率的持续下降与年轻人流向韩国以及中国大城市也有很大的关系。

由于外流人口中年轻人的比例更高，因此延边的人口老龄化进程非常快。2000年第五次全国人口普查数据显示，65岁及以上人口占延边总人口的7.77%，年龄中位数为36.63，已经属于典型的老龄化社会。据估算，延边的老年人口系数在2030年将达到27.02%。[①] 人口是一切政治、经济、社会、文化活动的基础，延边朝鲜族自治州的人口减少，影响着这一地区经济社会的正常发展。

延边朝鲜族的人口困境还表现为性别比例的失调。由于大城市对服务业从业人员的需求更多，流入大城市的延边朝鲜族年轻人中女性更多。不仅如此，由于出国工作的正规渠道所能容纳的人口数量有限，很多年轻女性为了获得在海外合法就业的机会而选择与外国人结婚或者假结婚。有调查显示，近年来延边自治州每年有近3000名朝鲜族女性嫁到韩国、日本等国。

---

① 李辉：《吉林延边朝鲜族人口安全问题研究》，载《东北亚论坛》，2007年3月，第100—104页。

从1993年到2001年，全州登记的涉外婚姻共18885人，其中朝鲜族女性18000人，初婚女性为9540人。朝鲜族女性的大量外流以及涉外婚姻导致延边出现了严重的“光棍村”现象。延边朝鲜族自治州妇联的资料显示，2000年全州25周岁以上未婚男女青年的比例为7∶1。[①]

其次，朝鲜族劳动力的大量外流还引发了家庭危机。

朝鲜族自治洲的离婚率非常高。[②] 很多家庭的夫妻中一方长期在国外务工，长期的夫妻分离导致离婚率上升。很多人通过非法途径出国，一旦回国探亲，再次出国可能性很少，而且非法赴韩务工的成本昂贵，迫使在韩务工者长期滞留在韩国。这种状况最终导致夫妻感情疏离，家庭破裂。一些朝鲜族女性为了能到韩国工作而选择与韩国人假结婚，还有人首先与丈夫假离婚后再和韩国人假结婚。中国第五次人口普查结果显示，朝鲜族女性初婚人数在1991年为6798人，2000年下降到2676人，离婚率与结婚率一样高。以和龙市为例，2003年到2005年的统计数据显示，其离婚人数超过了结婚人数，而且离婚人数迅速增长。2003年和龙市登记结婚1049人，离婚617人，涉外离婚761人；2004年登记结婚1124人，离婚997人，涉外离婚910人；2005年结婚1197人，离婚1077人，涉外离婚1866人。[③] 家庭的不稳定反过来加剧了朝鲜族社会的人口危机，也不利于下一代的成长。

随着青壮年大量进入韩国工作，朝鲜族自治区的留守儿童

---

① 李玉子：《延边朝鲜族女性外流引起的婚姻法律问题研究》，载《云南民族大学学报（哲学社会科学版）》，2010年5月，第48—52页。

② 权泰焕：《中国朝鲜族社会的变化》，［韩］首尔大学出版部，2005年。

③ 李玉子：《延边朝鲜族女性外流引起的婚姻法律问题研究》，载《云南民族大学学报（哲学社会科学版）》，2010年5月，第48—52页。

也不断增多。很多家长到韩国或者中国的大城市工作，把子女留在家乡。朝鲜族中有大量未成年子女失去了父母的照顾和监管，其心理成长以及学业都面临很大问题，这是朝鲜族社会的未来危机。据延边州妇联统计，截至2007年5月，延边州6市2县共有外出务工人员99180人，其中有子女的为44518人。延边州的留守儿童有31405人，其中父母在国外的留守儿童有21470人，在国内的有9935人。留守儿童中生活在农村的有15441人，生活在城市的有15964人。调查显示，朝鲜族小学里，留守儿童数量已经普遍超过学生总数的一半，甚至有些学校高达77%以上，在31405名留守儿童中，40%由父母中的一方监护，40%由爷爷奶奶等隔代家长监护，10%由亲戚监护，还有一部分寄居于外人家或者寄宿学校，甚至有些儿童处于无人监护的放任状态。[①]

第四节　中韩学术交流的意义以及存在的问题

一、中韩学术交流的意义

自然科学领域的学术交流与两国经济合作关系密切，而人文社会科学领域的学术交流则与两国关系的发展关系密切。学术界是思考两国关系发展的重要民间力量，对政府相关政策以及社会舆论都起到借鉴和引导的作用。中韩建交以来，两国学者在人文社科领域里针对对方国家的政治、经济、社会、文化

① 朴今海、郑小新：《延边地区朝鲜族留守儿童的教育与监护问题》，载《延边大学学报（社会科学版）》，2009年2月，第103—108页。

等各个方面开展了深入研究，这些研究增进了两国政府之间、民众之间的相互了解。

中韩建交之初，两国学术交流基础非常薄弱。建交之前的中韩两国在政治和军事领域里是敌对关系，在经济与文化领域里长期缺乏交流，战争记忆、社会制度的差异等因素成为学术交流的障碍。长时间的交流中断使得两国之间缺乏最基本的知识储备和人才储备，中韩人文交流领域里最初的中方参与者是朝鲜专家，而韩方参与者则是台湾专家。不仅如此，两国的学术传统也截然不同。但是，自建交以来，两国学术界以饱满的热情迅速开展起相互研究和合作研究。20 世纪 90 年代以后，韩国的“中国学”和中国的“韩国学”研究都得到了长足的发展。与此同时，中韩两国的区域问题研究也在迅速发展，东北亚研究在中韩两国的区域研究中都占有重要地位。在这样的大背景下，中韩学术界交流日益频繁。

今天，中韩学术交流已经成为中韩交流的一个重要轨道、思考中韩关系发展的政府智囊团、引导中韩民间相互认知的理性声音。

在韩国，学术界与政府部门之间的“旋转门”传统由来已久，“中国学”领域的学者成为外交官的例子很多，政府在外交决策中采纳学者观点的现象非常普遍，学者引导社会舆论间接影响国家外交政策的现象也很多。在中国，参与外交决策的力量也在不断增多，其中学者、智库的作用在不断增强。尤其是随着“周边治理”理念的提出、“一带一路”战略的实施，中国外交的舞台在迅速扩大，外交部门需要更多的国别知识，对国别智库的需求不断增大。因此，中韩两国学术界是影响两国关系发展的重要力量，也是两国进行非正式交流的一个理想渠道。

从事中韩相互研究以及中韩关系研究的学者们在本国国内起到了普及知识、引导舆论的作用。随着中韩两国在各个领域里开展合作，无论在中国还是韩国，了解对方国家的需求越来越大。“韩国学”以及“中国学”的研究成果不断出版面世，专家学者们的声音频繁出现在各种媒体上，迎合了政府和社会的需求。两国之间的相互研究与语言教学相互推动，对于“知韩”人才库、“知中”人才库的建设也起到了推动作用。

中韩建交以来，学术交流领域的理性声音起到了消除民众间误解的作用。在冷战时代，中韩交流中断，韩国人眼中的中国是“竹幕后的独裁国家”，是“失去了往日帝国威风的经济落后国”；而在中国人眼中，韩国是美国的傀儡，属于资本主义阵营。① 中韩建交后，两国学者都以积极的态度研究和介绍对方国家。中国的“韩国学”研究关注韩国经济的快速增长、关注韩国对传统文化的传承，而韩国的“中国学”研究关注中国社会主义制度的形成过程与现实情况，关注中国改革开放取得的成果。两国学者还非常重视研究中韩文化的共性。中韩两国同属汉字文化圈，都受儒家文化熏陶，而且都有被日本殖民的历史，又都在工业化的道路上实现了快速发展，中韩两国共同感兴趣的话题很多，可以相互借鉴的经验也很多。这类研究成果有助于两国民众产生共识共鸣，迅速化解冷战时代遗留的情感隔阂。东亚国家的民众有着较为强烈的民族主义，在近代，中韩两国都遭受过日本的侵略，中日韩三国对于各自的历史、东亚的历史都有着不同的理解。中韩两国的学者大部分都能够以理性的建设性的视角研究中韩之间乃至东北亚地区

---

① 李旭渊指出这种意识来自于国家的集团记忆（collective memory），详见李旭渊：《两股韩流与韩中文化交流》，载《哲学与现实》，2004 年秋季号，第 58—68 页。

存在的问题，这种努力有利于化解本地区的隔阂，促进本地区的合作与共同发展。

二、中韩学术交流中存在的问题

首先，中韩学术界对对方国家的研究不够全面，集中于研究现实问题，缺乏深度和广度。在诸多人文社会学科里，国际关系领域的学者最多，两国学者研究最多的是中韩关系。在针对对方国家的研究中，两国学者都过于偏重经济问题。中国学者关注韩国的经济发展奇迹以及经济发展模式，热衷于研究“新村运动”等课题。而在韩国学者眼中，中国是世界工厂和世界市场，是充满了财富机会的土地，韩国学者关注最多的是如何与中国做生意，从中国寻求经济发展的机会。[①]

其次，中韩学术界一直强调在学术研究领域里进行合作，但很多交流流于形式，对于争议性问题的探讨不够深入，在引导社会舆论、促进中韩关系健康发展方面所做的努力不够。这反映了中韩学术界对于引导中韩关系发展的使命感还有所欠缺。例如在出现“高句丽历史之争”以及“端午节归属之争”时，两国学术界并没有起到应有的沟通与疏导作用，韩国有的学者甚至将学术问题政治化，在媒体上发表过激言论、夸大问题，结果激化了两国民众之间的敌对情绪。2003 年“高句丽历史之争”出现后，如果学术界立刻展开共同研究，那么这一问题会在学术领域里形成一个客观的结论。即便存在学术观点

① 李钟玟对韩国国会图书馆收藏的与中国相关的研究成果进行检索发现，在 2000—2009 年间出版著作中经济类的占 24.5%，学术刊物中经济类的占 33.4%，硕博士论文中经济类的占 37%。详见李钟玟：《解读改革开放以后中国人看韩国的眼睛》，载《中国学论丛》，2003 年第 15 辑，第 308—328 页。

分歧，学术界也可以向社会公众阐明分歧所在以及形成的原因。但事实是“高句丽历史之争”首先通过媒体被大众所知晓，而媒体对这一事件的报道非常煽情，刺激了民众的民族主义情绪，给中韩民间交流带来了巨大障碍。在这一事件出现之前，中韩学术界在类似的历史问题上没能通过学术交流达成基本的相互理解，因此事发后两国学术界也束手无策，这让人感到非常惋惜。① 目前中韩两国学者每年都会召开数次研讨会，但当中韩两国在政治、经贸和文化领域里出现摩擦时，学术界却往往提不出合理的问题解决方案，没能担当起中间人的角色。

再次，中韩学术交流成果存在着被低估的现象。无论是中国还是韩国，学术界都以美国的标准评价学术成果，带有美国式问题意识的、遵循欧美学术传统的、符合欧美价值观念的、用英文写作的论文最容易发表在美国学术刊物上，这类研究成果最受重视。韩国的“中国学”研究、中国的“韩国学”研究人才库虽然已经形成了规模，但学术研究遵循美国模式，很多重要研究机构的专家学者从美国毕业。例如韩国很多高校招聘“中国学”方面的教授时将“英文授课能力”而不是“中文授课能力”作为选拔标准之一。相比之下，毕业于中韩两国的专家学者虽然数量很多，但在学术界里却难以发出响亮的声音。如何改善学术评价体系，脱离美国影响，更多地从中韩两国的立场出发开展研究，这是我们中韩学术交流中需要思考的一个重要课题。

---

① 吴秀景曾经在论文中谈到，在缺乏对中国历史文化的理解、缺乏对中国现实的分析的情况下毫无计划地、单方向地开展中韩文化交流令人非常遗憾，参见吴秀景：《世界化时代的韩中文化交流》，载《文化艺术》，2002 年 10 月。

第五节　中韩文化交流的意义以及存在的问题

一、“韩流”的积极影响

“韩流”进入中国已经20多年，在进入“共同制作期”之前，以“韩流”为主的中韩文化交流主要从韩国流入中国，中国人对韩国的认识、中国的流行文化以及中韩关系都因此受到了很大的影响。

第一，“韩流”进入中国后，马上成为中国人了解韩国最重要的信息来源，改变了中国人对韩国的认识。越是喜爱“韩流”的人群，其韩国好感度也越高。本书的第四章将对“韩流”如何影响中国人的“韩国观”进行详细描述。①

第二，“韩流”不仅在中国的流行文化中站稳了脚步，而且还潜移默化地改变着中国人的审美观念、生活形态甚至价值理念。除了影视、音乐、游戏之外，食品、化妆品、服饰、家居装饰等产业都刮起了“韩版”风潮。②

第三，对韩国社会而言，“韩流”创造了巨大的经济效益。以2004年为例，有研究发现，流入中国的“韩流”文化为韩国的制造业创造了相当于3万3千亿韩元的附加价值和数量可观的就业岗位。③ 韩国电子游戏产业所获得的经济收益最大，

---

① 石源华：《中韩民间文化冲突的评估》，载《当代韩国》，2008年夏季号，第39—42页。

② 中国的中医药与韩国的韩医药因为起源相同而在今天也有着非常活跃的交流。中韩两国宗教界也有很多交流，例如中国少林寺僧侣代表团就曾访问韩国。参见朴光海：《中韩文化交流的现状与问题》，2007年。

③ 《韩流经济效果分析》，［韩］《朝鲜日报》，2005年3月15日。

根据中国电子信息产业发展研究院的统计，在2001年和2002年，从韩国进口的电子游戏在中国市场上的占有率超过了70%，2003年为50%。受“韩流”的影响，韩国的化妆品、服饰、汽车、家电、手机等工业制品的品牌价值得到了提升。近年来，韩国观光购物成为“韩流”消费的又一大热点，韩国的国内零售业因此找到了新的增长点。[①] 2012年以后，“韩流”消费市场的持续增长还推动了中国资本的对韩投资。“韩流”文化进入中国引发“韩流消费”，而“韩流消费”又驱动中国资本逆流进入了韩国国内的“韩流”产业。因此，“韩流”文化给韩国经济带去了市场和资本，也给中韩经济合作提供了更大的舞台。

今天，中国资本进入韩国的“韩流”产业，“韩流”迎来了中韩“共同制作期”，这一新的发展趋势意味着“韩流”文化自身以及“韩流”文化对中韩两国社会、对中韩关系的影响都将发生新的变化。

第一，中韩共同出资合作制作文化产品，这已经成为中韩两国在“韩流”领域里双向交流的重要渠道。随着中国企业入股韩国文化内容产业，韩国文化内容产业对中国市场的依赖度会进一步加深，随之将出现更多的迎合中国人的产品。中国的文化元素会因此渗透进韩国文化内容产业，加快中韩流行文化的同化。

第二，中韩文化企业的合作将增强两国文化产业的竞争力，中国的市场、资金与韩国的技术、故事相结合，将大大提高企业的投资效益，分散投资风险，引发两国文化内容产业的

① 尹庚禹等：《对中国韩流效果的评价以及促进韩流持续扩散的综合政策方案》，经济人文社会研究会编：《对中国综合研究合作研究丛书》（10－03－33），2010年。

又一次大发展。

第三，从全球范围来看，中韩两国有着相似的东亚文化基因，在今天以美国文化为主导的文化全球化的背景下，两国的文化产业都在尝试着如何以新的叙事方式向世界呈现自身的文化。而中韩文化产业的融合有助于两国创造出更具有全球竞争力的东亚文化产品。如果这种文化产品在世界文化市场上获得成功，反过来也会促进东亚地区文化共同体的形成。

二、“韩流”的问题

第一，中韩文化艺术交流中存在的最大问题是交流的不对等。大量的韩国影视剧流入中国，中国的影视剧却很少进入韩国。在中国进口的电视剧中，韩国电视剧占大多数，而在韩国进口的电视剧中，中国电视剧只占5%。中韩文化产业贸易的不均衡使很多中国人尤其是影视产业的从业者感到不满。[①] 中国人通过韩国文化产品对韩国有了很多了解，而韩国人通过中国文化产品了解中国的机会却很少。

第二，对于中国的“韩流”现象，韩国人的认识有些过分夸大，[②] 受到了自我文化中心主义的影响。在审视“韩流”现象时，韩国人持有一种优越感，认为韩国经济比中国更发达、韩国文化比中国文化先进。“韩流”有可能是一时的文化流行现象，但韩国人却解释为韩国文化的优秀性以及中国文化的落

① 中韩文化商品贸易出口额的比例为10∶1。2002年中国进口韩国连续剧67部，2005年增长至150部。2005年10月《亚洲周刊》将“新韩流与反韩流”作为封面主题，表达了对“嫌韩”以及“嫌中”感情的忧虑。

② 李恩淑：《对中国“韩流”的考察》，载《文学与影像》，2002年第3卷第2号，第31—34页。

后性，这种不正确的认识、居高临下的心态是中韩文化交流中的绊脚石。[①] 韩国对本国文化产业造星能力的评价很高，并因此而骄傲。[②] 因为持有这种态度，韩方对待对华文化产品出口的态度并不认真，一些在中国进行的大型文化活动也缺乏周密准备，伤害了中国的“韩流”爱好者。[③]

第三，中韩文化交流既帮助两国民众相互理解，但也会使两国民众对对方文化产生误解。例如中国人认为“韩流”展示了韩国文化，但韩国电视剧以及被称作 K-pop 的流行歌曲是否能够真正代表韩国的传统文化、主流文化以及韩国社会的真实情况？中国人通过韩国电视剧看到的儒家传统和家庭文化，与其说反映了韩国社会的真实面貌，不如说反映了韩国人的理想。换言之，仅仅通过电视剧等渠道了解对方国家，很可能使中国人对韩国人、韩国文化以及韩国社会产生误解。[④]

第四，“韩流”过于追求经济价值。文化交流创造经济利益，这当然值得肯定，但如果过分追求经济价值，文化交流就会流于肤浅。韩国的社会舆论普遍以这种视角看待“韩流”：现在世界处于文化战争时代，“韩流”以新的方式为韩国带来了经济利益，应该不断提升“韩流”文化的竞争力，持续为韩

---

① 中国文化与韩国文化之间的关系不能看作是被支配文化与霸权文化之间的关系，两国文化中的霸权文化仍然是西方文化，从全球的视角来看，中韩文化交流应该是被支配文化之间的交流。

② 韩国文化在中国流行是因为韩国的独特性的这种解释也受到了批判，因为这种解释有一个前提，就是“韩国文化的竞争力更强”。西方文化占领韩国时，人们也用同样的逻辑解释过，说文化是从高处流向低处，因而认为“韩流”是必然会流向中国的理想的文化形式，“韩流”已经达到了中国文化“无法超越的高水准”的这种认识很容易发展为韩流民族主义。

③ 白源谭曾经将 2004 年 7 月韩国明星在中国人民大会堂参加“中韩友好之夜”的活动评价为“舍本逐末的中韩友好之夜与迷失道路的韩流”。

④ 石源华：《中韩民间文化冲突的评估》，载《当代韩国》，2008 年夏季号，第 39—42 页。

国经济提供高附加值。这种功利的视角过分强调韩流的经济价值，忽视文化交流本身给两国民众带来的福祉，贬低了文化交流的意义，[①] 不利于中韩文化的长期健康发展。

第五，韩国舆论对中韩文化艺术交流的解释带有明显的文化民族主义色彩。很多韩国人为“韩流”感到骄傲，认为这证明了韩国文化的优秀性，这是一种文化民族主义的思维，[②] 这种带有文化民族主义色彩的思维不利于中韩文化交流的长久健康发展，甚至很容易引发中韩民众之间的文化自尊心对抗。

① 侯鹏：《韩中日民间交流的特征和作用》，在“韩中交流合作的历史与未来展望”学术研讨会发表的论文，东北亚历史财团，第143—151页。

② 韩国社会关于“韩流”的主流舆论带有浓厚的文化优越主义色彩，韩国社会没有把东南亚和中国等文化“他者”视为对话对象，而是视为消费市场。朴基秀：《从人文学角度思考韩流持续发展方案》，2005年，第93—109页。

第三章 中韩人文交流对民众间相互认识的影响

中韩两国国民间的相互认识形成于两国交流的过程中，是两国社会文化交流的结果，同时又是中韩进一步合作交流的基础。通过两国国民的相互认识，我们既能看到中韩交流的成果、现状，也能发现存在的问题[①]。中韩两国有着悠久的交流史，在不同的历史时期，两国国民的相互认识不同。本章关注当下两国民众的相互认识，但无论是中国民众心目中的韩国，还是韩国民众心目中的中国，今天的印象都是在多个历史时期里形成的多个片段不断叠加、相互影响的结果，因此本章将首先简要回顾不同历史阶段中韩两国民众之间的相互认识。

对于今天中韩两国国民的相互认识，本章以分别在中国和韩国进行的两个调查研究结果为依据进行总结描述。两项调查的实施时间和方法如下：2008 年 7 月至 2010 年 3 月，中国社科院亚太研究所“中国人心目中的韩国形象”课题组面向生活在大连、北京、青岛、上海、广州 5 个城市里 13 岁以上的普

① 郑在浩（《中国崛起与朝鲜半岛的未来》，［韩］首尔大学出版文化院，2011 年，第 355—360 页）指出，中韩两国民众的相互认识在建交初期非常积极正面，特别是“韩流”进入中国初期，韩国人对中国的好感度曾经比对韩国的传统盟国美国还高。但是在中韩建交的 20 年里，两国文化交流所带来的影响并不都是正面的，在各种文化争端的影响下，两国民众的相互认识迅速恶化。

通中国人进行了问卷调查和访谈，共回收有效调查问卷3291份，完成深层访谈58例。2009年10月至2009年12月，社科院“韩国人心目中的中国形象”课题组以“中国形象”为题面向生活在首尔的普通韩国人进行了5组（共30人）焦点小组访谈研究。2010年2月，课题组以“中国形象”为题，面向19岁以上生活在韩国的普通韩国人进行了问卷调查，问卷调查的实施采用了计算机辅助电话访问（Computer Assisted Telephone Interview，CATI）方式，共回收有效问卷1000份。①

第一节　中韩民众之间的相互认识

一、韩国人的“中国观”

（一）历史上韩国人对中国的认识

在古代韩国人的眼中，中国是“上国”。“上国中国”不但是大国、军事强国、经济强国，而且也是世界文化的中心。韩国学者崔承现认为，在朝鲜接受西方的民族主义思潮之前，中国与朝鲜对世界秩序的认识都在“天下”这一大框架内，而中国被认为是天下的中心。

朝鲜半岛对中国文化的仰慕在中国明朝时期达到顶峰，当时朝鲜半岛无论在外交还是国内政治、文化领域，都奉行“事大主义”，并因为自身接受了中华文化而感到骄傲，将受

① 董向荣、王晓玲、李永春：《韩国人心目中的中国形象》，社科文献出版社2011年版。

中华文化影响较少的日本等国家视为“蛮夷”。在古代，民众之间的交流很少，但从朝鲜文人以及使臣留下的文字记载中，可以看出当时朝鲜精英阶层对中国文明的憧憬。中国明朝的首都燕京是朝鲜每一位士大夫心驰神往的美好去处，到过燕京的朝鲜士大夫留下了对中国文化物产的长篇累牍的赞誉之词。①

到了清朝，朝鲜仍然追慕明代的中华文明，视清朝的统治者为蛮夷，认为朝鲜是正统中国文化的继承者，自称“小中华”。徐东日通过分析清朝时期朝鲜使臣所记载的《燕行录》发现，受到“尊华攘夷”以及“尊明事大”思想的影响，清朝初期来到燕京的朝鲜使臣对燕京抱有一种复杂矛盾的心态：他们一方面盛赞恢宏华美的皇城建筑以及庄严肃穆的朝拜仪式，另一方面又十分蔑视并极力丑化居住在皇宫里的清统治者。他们认为自己才是中华文化的继承者，并为此感到骄傲。②到了18世纪下半叶，朝鲜知识阶层对中国人的“降清”行为表现出了更多的理解。在这一时期朝鲜使臣的记载中，中国的士大夫被评价为学识渊博、温文尔雅、虚怀若谷而又不失大国之礼。当时乘船漂流到中国江南地区的一名朝鲜士大夫曾经记载了自己所见到的中国以及与中国文人接触的经历。在他的眼中，中国的江南地区繁华富饶，中国文人所收藏的儒家典籍之丰富令其羡慕，中国士大夫的学识以及作风也令其赞叹。但同时这位朝鲜士大夫也为自己的明朝服饰而感到自豪。通过此类文献可以看出，当时的朝鲜文人无论对中国人“降清”的做法

① 徐东日：《朝鲜朝燕行使臣笔下的紫禁城形象》，《吉林大学社会科学学报》，第49卷第6期，2009年11月。

② 徐东日：《朝鲜朝燕行使臣笔下的紫禁城形象》，《吉林大学社会科学学报》，第49卷第6期，2009年11月。

是理解还是鄙视，他们都被当时中国的繁华富饶所折服，对中华文化都怀有仰慕之心。

到了近代，朝鲜精英阶层目睹了中国的衰落。虽然“保守派”对中国文化以及清与朝鲜的宗藩关系感到难以割舍，但“事大主义”遭到了“激进开化派”的猛烈批判。在中国遭到列强侵略后，朝鲜人的“事大主义”走向终结。这时候，中国作为宗主国、霸权国的印象还没有在朝鲜半岛上完全消失，但同时又被认为是近代化道路上失败与衰落的典型。由于共同遭受日本的侵略，中国还成为朝鲜人“同情”和“联合”的对象。

这时候朝鲜精英阶层对中国的认识虽然已经发生了变化，但朝鲜普通民众仍然把中国视为“上国”。1882 年，中国与朝鲜签署《朝清商民水路贸易章程》，大量中国人进入朝鲜经商。这些中国人大部分白手起家，却在很短的时间内将商业舞台扩展到朝鲜各地，积累了大量财富。与此同时，两国国民直接接触的机会增多了。目睹了华商垄断的朝鲜人开始讨厌中国，而华商聚集在一起，内部非常团结，面对朝鲜人表现出强烈的民族自豪感，这些都刺激了朝鲜人对华商的敌意。在朝鲜的华商经常与朝鲜人发生冲突，时常发生朝鲜人殴打、偷盗和抢劫华商以及破坏、焚烧华商店铺的事件，而华商与清兵攻击朝鲜人店铺、强迫朝鲜人卖地的案件也时有发生。有研究显示，1883 年 7 月到 9 月，汉城华侨与朝鲜商人之间的债权纷争共发生过 15 件，债权人都是华商，债务人都选择舍弃房产或者被罚入狱，而华商则承受了经济损失。[①] 朝鲜人对中国的“上国”印

① 参见《清季驻朝鲜使馆档》，陈树棠：《诉讼：办理生盛号被窃永来盛号被盗两岸卷》，1884 年 4—5 月。

象此时开始被“贪婪”、“傲慢”以及“精于算计”的商人形象所代替。[1]

中国在甲午战争中战败后，中日签署了《马关条约》，中国丧失了对朝鲜的宗主国地位。中国从此不再是朝鲜人眼中的“上国”。朝鲜的亲日内阁制定的《保护清商规则》对华侨的活动给予了很大的限制。后来随着大量中国人苦力流入朝鲜，中国人成为朝鲜人既同情又蔑视的对象。日本入侵朝鲜半岛后，由于面临同样的侵略者，中朝两国有志之士开始形成联合意识。但是朝鲜精英阶层的心理非常复杂。他们一方面对中国抗日力量持有“联合意识”，另一方面又鄙视中国在近代化过程中经历的失败与衰落。与此同时，他们不满意中国人看朝鲜仍然带有过去的“宗主国意识”，不满意中国精英阶层把朝鲜作为被保护对象的想法。因此面对中国人的同情，朝鲜人还有些反感。

在 1950 年爆发的朝鲜战争中，中朝联军与美韩联军成为敌军，中国与韩国成为敌国。朝鲜战争休战后，朝鲜与韩国两个政权很长时期内都处于对抗和竞争状态，双方互派情报人员，展开宣传攻势，还不时发生擦枪走火事件。为了应对有可能发生的二次朝鲜战争，韩国所有男性都必须服兵役。在韩国国内，政府不断展开“反共教育”，社会主义被描述为“不民主的、不人道的、落后的”政治制度。二十世纪七八十年代的韩国，一些学生接受了共产主义理论，但这些左派思潮受到了政府的严格控制，共产主义理论书籍被列为禁书，激进分子被情报部门逮捕。在那个朝鲜以及整个社会主义世界都被妖魔化

① 全禹龙：《韩国近代的华侨问题》，载《韩国史学报》第 15 号，2003 年 9 月，第 398 页。

的时代里，韩国人经常能够听到抓获朝鲜间谍的新闻，看到以抓朝鲜间谍为题材的电影，耳濡目染中形成了对社会主义制度的恐惧和敌视。

（二）今天韩国人对中国的认识

根据2010年3月面向1000多名韩国普通民众的调查结果，当前韩国普通民众对中国的认识可以概括如下：

第一，韩国人对中国第一联想是“地大人多”。在不假思索的情况下，一提到中国，韩国人首先想到的是“地大”、“人多”。在“中国第一联想”中，提到中国首先想到中国“大”的被访者占23%，想到中国“人口多”的占19.7%，而联想到中国政治、经济、社会、文化以及自然风景等其他方面特征的被访者的比例要低得多。

第二，韩国人认为中国经济虽然发展快但仍然落后于韩国。90%以上的被访者都认为中国经济规模大、成长快、发展潜力大、发展不均衡。近半数的韩国被访者认为中国经济发展质量低，这一认识的形成主要来自于中国产品。在韩国被访者心目中，中国产品是“低价”、“劣质”以及“仿造”的代名词。（参见图3—1）

第三，半数韩国被访者低估中国经济总量。虽然韩国被访者比较了解中国经济的发展特点，但对于中国经济具体发展成就并不清楚，对中国GDP规模的估计大大低于实际情况。在进行调查的2009年，中国GDP在全世界排第3位，接近第2位的日本，但调查结果显示，认为中国GDP排世界“第4到5位”的被访者占15.1%，认为排“第6到10位”的被访者占18.5%，认为排“11位以后”的占32.3%。换言之，半数韩国人对中国GDP的认识仍停留在中国10年甚至20年前的水平。

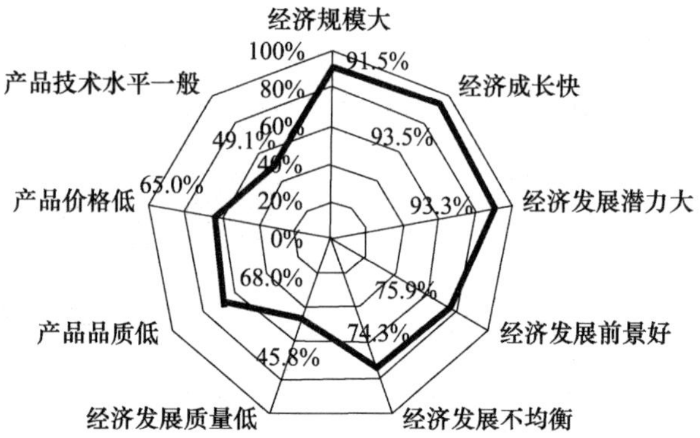

图 3—1　韩国民众对中国经济的认识

第四，韩国人认为中国社会在发展过程中伴随着很多问题。韩国被访者对中国社会的认识可以概括为贫富差距大、环境保护差、社会治安差、自由开放度一般等。（参见图3—2）

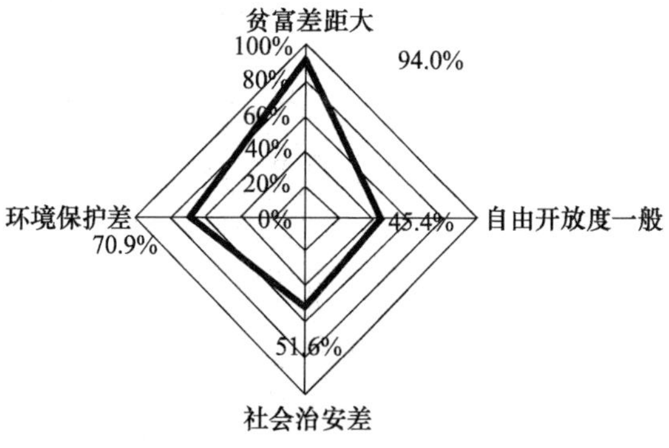

图 3—2　韩国民众对中国社会的评价

第五，访谈研究发现，韩国被访者仍然受冷战思维的影响，认为社会主义国家“可怕”、“保守”、“独裁”。因此，尽管他们也认识到现实中的中国并不是“反共教育”中所描述的“可怕的社会主义国家”，但意识形态的差异还是使被访者对中国的社会制度充满了怀疑。45.4%的被访者认为中国的自由开放程度“一般”，34.1%的被访者认为中国的自由开放度“低”，有8%的被访者坦言政治体制的差异使他们更加警惕中国崛起，17.4%的被访者认为中韩之间的政治体制差异是妨碍中韩友好的最重要因素。

第六，韩国人认为中国是曾经的文化强国，但今天是文化落后国。韩国被访者承认历史上中国文化先进而且影响了韩国，77.2%的被访者称中国文化在历史上对韩国产生过巨大影响。今天，相似的传统文化基因仍然使韩国人对中国文化怀有亲切感，51.6%的被访者称对中国文化感到“亲切”。但是，韩国被访者们对自身的历史文化也非常骄傲，认为韩国更好地传承了儒家文化。对于中秋、春节等两国共有的文化，近半数被访者认为发源地“不是”中国（47.8%），不清楚其发源地的占17.6%。对于当下的流行文化，被访者们认为中国缺乏独创性（持这一意见的被访者占69.4%），多是在模仿其他国家。在流行文化方面，韩国被访者有强烈的自豪感，很多被访者在访谈中强调中国当下的流行文化和时尚元素都是在模仿韩国。（参见图3—3）

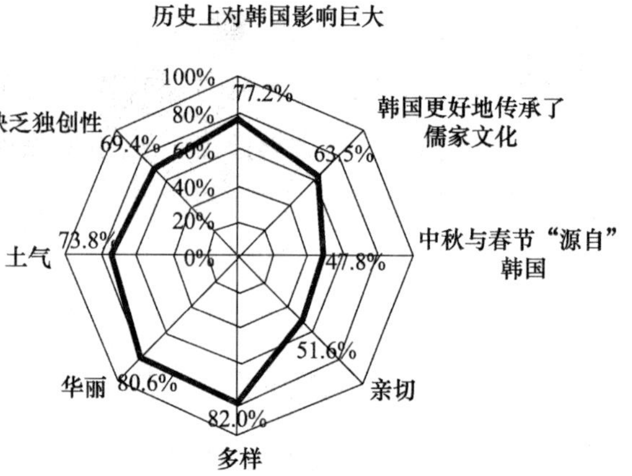

图 3—3　韩国被访者对中国文化的评价

第七，韩国人认为中韩是经济合作伙伴，但对中韩经济合作的实际规模并不了解。韩国被访者非常肯定中韩经济合作的重要性，但是并不清楚而且低估了中韩经贸交流的实际规模。知道中国是韩国最大贸易顺差国的只有 47.5%，分别有 34.3%、8.6% 和 6.0% 的被访者依次认为美国、欧盟和日本是韩国的最大贸易顺差国。

第八，在安保领域里，韩国人对中国缺乏信任。中韩两国在东北亚地区安全问题上是重要合作伙伴，但韩国被访者对中国并不完全信任。对于中国为解决朝核问题所做的努力，只有半数（50.6%）被访者认为中国在解决朝核问题中起到了积极作用。在朝鲜半岛统一问题上，被访者们也对中国持不信任态度，81.5% 的被访者认为中国“不支持”朝鲜半岛统一。另外，认为中国对韩国构成“军事威胁”的占了 73.1%。

第九，韩国人看好中国崛起的未来。在韩国被访者看来，中国虽然在经济、社会、文化等方面还落后，但就世界影响力而言已经是紧随美国之后的世界强国。大部分被访者认为美国影响力在70分到90分之间，半数被访者认为中国影响力在50分到80分之间。换言之，韩国人认为当前美国的国际影响力大约是中国的1.3倍。53.5%的被访者认为20年后中国会超过美国成为世界最强国。

第十，韩国人既希望在中国崛起的过程中获取红利，又担心中国崛起后会成为韩国经济、安保领域的威胁。韩国人认为，中国给韩国带来利益最多的是经济领域。但是，仍有45%的被访者认为中国经济发展对韩国的威胁大于机会，34%的被访者认为一半是机会一半是威胁，认为机会大于威胁的仅占20%。在朝半岛安全以及统一问题上，韩国被访者对中国的警戒心更强。尽管驻韩美军经常引起韩国人的不满，却有45.6%的被访者认为即便实现了朝半岛统一，也仍然应该让美军留在韩国，而对中国的戒备是促使他们如此选择的重要原因之一。36.6%的被访者认为总体上来讲中国崛起对韩国“弊大于利”，44.3%的被访者回答“利弊各半”，认为中国崛起对韩国“利大于弊”的被访者只占18.6%。在认为中国崛起对韩国而言“弊大于利”的人群中，42.8%的人担心中国经济发展后韩国经济将面临更激烈的竞争，27.3%的人担心中国崛起后会成为霸权国，8.8%的人担心在韩国旁边出现强国。

二、中国人的“韩国观”

（一）历史上中国人对韩国的认识

古代中国最初把朝鲜看作“同类”以及“海内之国”，后来逐渐才演变为中华文化圈中的“亚类”以及“域外藩国”。春秋战国时期的很多文献记载都表明当时的中国人把朝鲜视为中国的一部分。秦统一中国后建筑长城，“我”与“他”之间有了明确的物理边界。汉朝曾经通过战争占领朝鲜，并在朝鲜半岛上设立了汉四郡。但当时中国眼中的“他”也不是近代意义上的“外国”，而是中华文明中“亚类”的概念。[①] 从唐代起，中国与朝鲜之间建立起了规范的宗藩关系，一直到清朝，基本上维持着稳定和平。明太祖晚年定下“十五不征之国”，第一个就是朝鲜。在明清时期，朝鲜总是作为藩国中的模范出现在清廷的记载中。[②] 当时朝鲜向中国称臣，恪守君臣礼仪，追随中国文化，受到侵略时寻求中国的庇护，但中国并不干涉其内政外交。当时中国人认为朝鲜接受了中国的文化并且诚心事大，因此虽然是外藩，却与其他藩国不同，更像中国的一部分：朝鲜“与中版图无异，且冠裳文物有华风焉，非诸国所能及也”，[③]“（朝鲜）虽外藩也，实同内复”。[④]

到了近代，中国“天下文化体系”的世界观被民族国家的概念所代替。这时的中国虽然失去了将朝鲜作为“亚中华”的物理力量，但在西方列强与日本觊觎朝鲜半岛的情况下，清政府强调朝鲜是中国的藩国，并试图通过对朝鲜进行实际管理来明确清与朝鲜之间的宗藩关系，将列强的势力赶出朝鲜半岛。这一努力最终随着清政府在中日甲午战争中战

---

① 崔昇铉：《近代中国人韩国观变化过程研究》，载《中国人文科学》第30辑。

② 周方银：《朝贡体制的均衡分析》，载《国际政治科学》，2011年1月，第46—47页。

③ 江登云：《东南三国记》，朴现圭编：《19世纪在中国看到的韩国资料》，亚洲文化史，1999年，第51页。

④ 魏源：《征抚朝鲜记》，《19世纪在中国看到的韩国资料》，亚洲文化史，1999年，第67页。

败而告终，《马关条约》的签订意味着中国丧失了对朝鲜的影响力。

19 世纪 70 年代和 80 年代，中国在与法国、日本等国家的外交交涉中曾多次强调朝鲜是中国的藩属国。当西方国家怂恿朝鲜从清政府的影响下独立，提议与朝鲜建立外交关系时，清政府也会强调朝鲜是中国的藩属国。[①] 到了 19 世纪 80 年代，清政府越来越难坐视俄罗斯、日本等列强对朝鲜的觊觎，不再坚持与朝鲜仅仅保持仪式礼仪上的宗藩关系，开始实际进入朝鲜。清政府首先以镇压“壬午军乱”为契机派遣军队到朝鲜，又与朝鲜签订了《朝清商民水路贸易章程》。《朝清商民水路贸易章程》不是国家间而是国内的贸易章程，当时与朝鲜国王出面交涉制定这一章程的是中国的北洋大臣，《章程》中对中国的治外法权、领事裁判权、航道开设权、汉江航运权等权力做出了明确规定，[②] 李鸿章这一“驻扎朝鲜总理交涉通商事宜大臣”成了朝鲜的“国监”。[③] 清政府的这一系列举措都是为了明确中国与韩国的宗藩关系。根据《朝清商民水路贸易章程》，清朝在仁川、釜山、元山的开放港口设置了租界，中国商人开始在汉城居住和进行商业活动，并逐渐将活动范围扩大到了朝鲜全境。当时的中国已经经历了洋务运动，中国人有了加强国防、发展工业、接触西方文明的“中国式的近代意识”。在中国人的眼中，朝鲜是闭关锁国、脏乱、贫困的落后国家。

朝鲜被日本吞并后，中国的媒体以及知识分子发表了很多表示哀痛的舆论，梁启超等人还把朝鲜作为反面教材，告

---

① 崔昇铉：《近代中国人韩国观变化过程研究》，载《中国人文科学》第 30 辑。

② 王铁崖编：《中外旧约章汇编》(1)，三联书店 1957 年版，第 406—407 页。

③ 林明德：《袁世凯与朝鲜》，“中央研究院”近代史研究所 1984 年版，第 126 页。

诫中国如不改革也会亡国。1919 年朝鲜半岛爆发了反对日本殖民统治的“三一运动”，中国报纸对此给予了热情赞扬，并号召中国人也以此为榜样奋起反抗。这一时期，中国的知识阶层一方面赞扬朝鲜人民的反抗精神，一方面号召支持朝鲜人民的抗日运动，与朝鲜人民结成抗日联盟。正是在这样的氛围下，一些主导抗日运动的朝鲜人在中国上海设立了海外临时政府。

但是中国民众对朝鲜人的认识在当时并非都是积极正面的。当时日本推行“以日移韩、以韩移华”的移民政策，移民中国的朝鲜人与中国人在土地、房屋的所有权等问题上出现了很多分歧。日本把朝鲜半岛作为侵略中国的踏板，对朝鲜实行文化殖民统治，培养了一批侵略帮凶。在日本侵占中国东北地区后，日本侵略者让一些朝鲜人在当地“维持治安”。在中国人的眼中，这些朝鲜人是依仗日本侵略者、手拿大棒欺负中国人的“高丽棒子”。

二战结束、日本投降后，朝鲜半岛又成为冷战的最前沿。在社会主义国家与资本主义国家尖锐对峙的时代，社会主义中国与韩国成为敌对国家，将李承晚政府称作“美帝国主义的傀儡”。1950 年的朝鲜战争中，中国为了支援朝鲜、保家卫国，与美韩联军宣战。自朝鲜战争爆发至 1992 年中韩建交，这段时间里中韩两国民众没有相互了解的机会，中国人这期间对韩国的政治、经济、社会、文化发展一无所知。但是，中国人民与朝鲜人民成为亲密战友，中朝之间长期保持着密切的人文交流。抗美援朝战争之后，“英雄儿女”、“上甘岭”、“金熙和银熙的命运”、“卖花姑娘”等以抗美援朝战争和朝鲜劳动人民的反抗斗争为主题的电影风靡中国。对很多中国人而言，在中韩建交之前，朝鲜电影和歌曲构成了他们对朝鲜半岛的记忆。[①]

（二）今天中国人对韩国的认识

根据2008年面向3000多名中国普通民众的调查结果，中国普通民众对韩国的认识可以概括如下：

第一，中国人对韩国第一联想是“韩流”。调查问卷中有问题问被访者“提到韩国想到什么”，要求被访者依次写出浮现在脑海中的三个韩国相关联想。调查结果显示，在三个联想中，“韩流”相关内容都占一半以上。当要求被访者写出浮现在脑海中的第一个韩国相关人物时，“韩流”明星与韩剧中的人物又占了75.2%。

第二，中国人认为韩国经济的发展程度为中等。中国被访者认为韩国产品具有外观漂亮、精致的特点，其创新性、性价比也得到了很多被访者的认可，但产品定位与其国家发展水平一样，都被中国被访者定位为中档。（参见图3—4）

---

① 在摆脱了冷战思维后的今天，很多老人回忆当时中国与朝鲜的文化交流，往往会唤起对青春岁月的美好回忆，对其带有浓厚的亲切感。今天中韩文化交流的规模远远超过中朝交流，老人们倾向于把当年的朝鲜文化当作其接触的最早的韩国文化，他们通过朝鲜文艺作品了解到的“韩国人”形象非常正面，例如勤劳、朴实、坚韧不拔等。以下是王晓玲（《中国人心目中的韩国形象》，民族出版社2009年版）访谈研究中的两个案例：“说起韩国来就想到两个极端。一个是现在韩国的电视剧什么的，给人感觉韩国很富裕、华丽、热闹什么的。还有就是年轻的时候看的一些朝鲜电影，《卖花姑娘》什么的。印象很深的是她们女的把很重的东西都顶在头上。韩国女的好像很勤劳……”（女，53岁，中学老师）“现在这儿每天都看到很多韩国人，但是年轻时候看过的朝鲜电影还有当时朝鲜的‘千里马运动’什么的在我印象里还是很深。那时候韩国的形象和现在很不一样。那时候韩国女的好像都是大脸庞，很朴实。去年朝鲜的艺术团来北京演《卖花姑娘》，我和老伴去看了，就是再体会一下那时候的感觉。”（男，56岁，中小企业主）

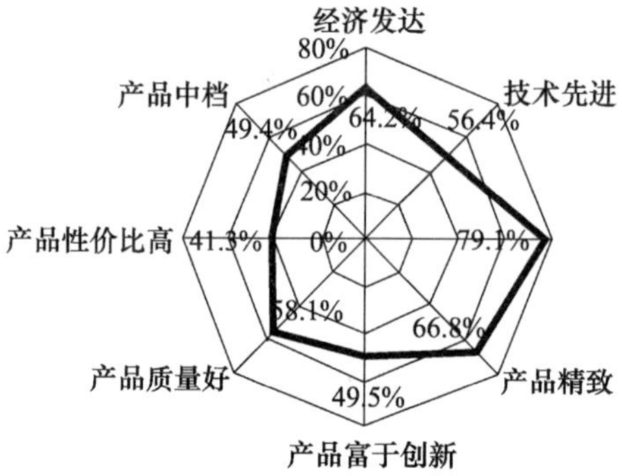

图 3—4　中国人眼中的韩国经济与韩国产品

第三，中国人认为韩国社会先进、充满活力、民主参与度高。具体评价包括干净整洁、注重环保、快节奏、平均教育水平高、富裕、政治民主等。（参见图 3—5）

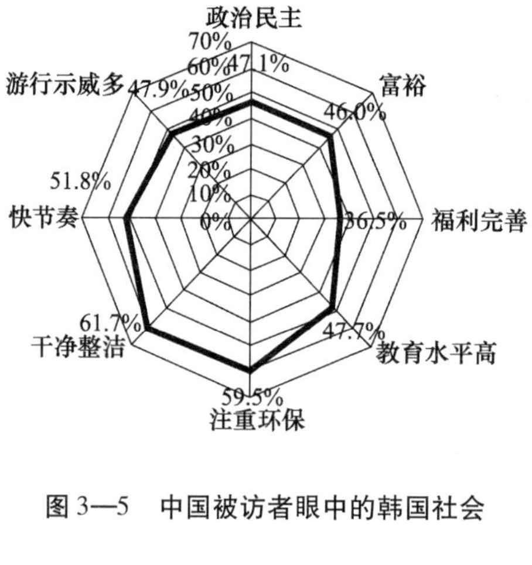

图 3—5　中国被访者眼中的韩国社会

第四，中国人认为韩国文化最突出的特点是“传统与现代融合”。通过访谈，笔者发现韩国的流行音乐、服装等“韩流”文化给中国人留下了“时髦”以及“商业运作成熟”的印象，韩剧则使被访者们认为韩国文化充满了“精致”和“浪漫”气息。但另一方面，这种文化气质也被认为是女性化、年轻化和商业化的，称不上“高雅”、“大气”，并且缺少“文化底蕴”。（参见图3—6）

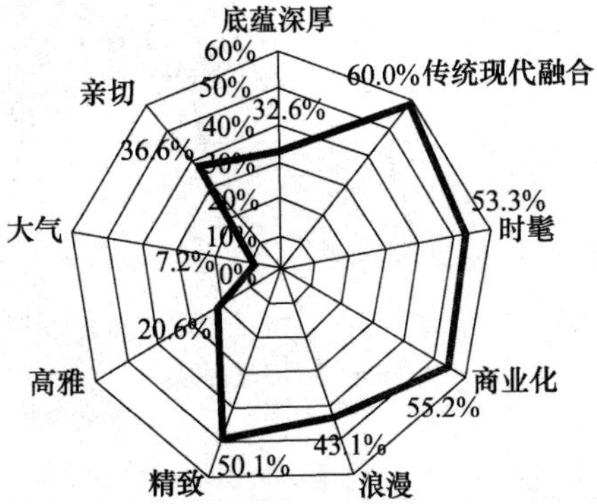

图3—6　中国被访者眼中的韩国文化

第五，中国人认为韩国人个人素质较高，但持有过于偏激的民族主义。中国被访者们对韩国人最为一致的认识是“民族自尊心强”，但这并非正面评价。访谈中，被访者们称韩国人的民族自尊心过于偏执，而且瞧不起中国，不承认中国的文化“宗主国”地位，把“端午节”、“孔子”等中国文化都说成是韩国的。中国被访者认为韩国人的个人修养整体上比中国人高。但是访谈研究也发现，一些被访者对在华韩国人感到失望，称在华韩国人的公共道德水准与普通中国人相似，甚至有所不及。

第六，生活在韩国人聚居区的中国人称韩国人不积极融入中国社会，生活在韩国人形成的小圈子里，因此社区内中韩家庭之间的交流很少。

第七，与韩国人一起工作或者有生意往来的中国人称韩国人勤奋、工作认真，但很多人容易冲动、不守信。（参见图3—7）

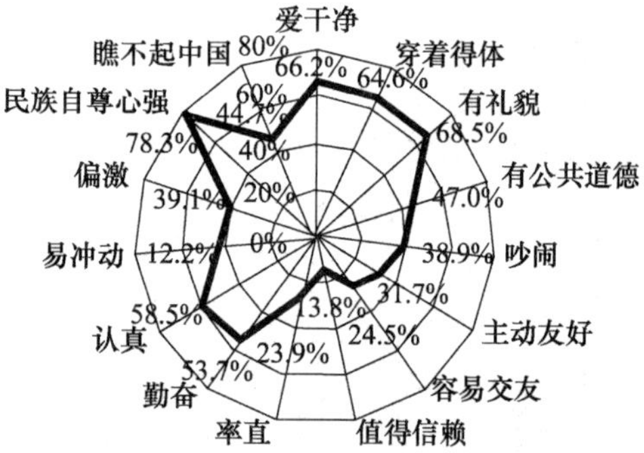

图3—7　中国被访者眼中的韩国人

第八，中国人认为中韩之间政府关系好，但民间感情一般。中国被访者对中韩之间的经济合作规模并不了解，知道韩国是中国重要投资来源国的只有33.5%。认为中韩关系“好”的被访者占50.2%，认为中韩民间感情“好”的被访者占39.6%。认为两国关系“一般”的被访者占40.8%，认为中韩民间感情“一般”的被访者占42.4%。中韩政府之间的合作关系虽然不断升级，但被访者给出的评价却很平淡，介于“好”与“一般”之间。与政府间关系相比，被访者们明显感觉到两国民间之间关系要更加疏远。

第二节　人员交流对中韩民众间相互认识的影响

一、人员交流对韩国人“中国观”的影响

（一）“中国经历”增加了韩国人的中国好感

近年来，来华韩国人数量接近每年400万人次，直接的中国经历已经是韩国人了解中国的一个重要途径。通过对比有中国经历的韩国人与其他韩国人对中国的认识差异，我们发现有较多中国经历的被访者对中国的认识更加积极正面，具体表现为：对中国经济发展的评价更高、对古代中国文化的影响力评价更高、对中国人更加信任、对中国的世界影响力评价更高、更清楚中国是韩国的最大贸易顺差国、看待中国崛起的目光更为积极肯定、对中国的好感度也更高。

第一，中国经历越多，越强调中国经济发展迅速。问卷调查结果显示，没来过中国的被访者中，对“中国经济发展迅速”给出非常肯定回答的占64.3%；有过中国观光经历的人群中，对“中国经济发展迅速”给出非常肯定回答的占67.4%；有过中国出差、留学、工作经历的人群对“中国经济发展迅速”给出非常肯定回答的比例高达82.1%。

第二，中国经历越多，越认为中国文化在历史上对韩国影响巨大。问卷调查结果显示，在没有到过中国的被访者中，对“历史上中国文化对韩国影响巨大”这一说法做出非常肯定回答的占34.4%；有过中国观光经历的被访者对“历史上中国文化对韩国影响巨大”这一说法做出非常肯定回答的占

35.9%；有中国出差、留学、工作经历的被访者对“历史上中国文化对韩国影响巨大”这一说法做出非常肯定回答的比例高达51.3%。

第三，与没有来华经历或者只到中国观光过的人群相比，来华经历较多的人群对中国人更加信任。问卷调查结果显示，在没有来华经历的被访者中，认为“中国人可以信任”的占11.5%；在有中国观光经历的人群中，这一比例为9.6%；在有中国出差、留学、工作经历的被访者中，这一比例上升到24.3%。

第四，有中国出差、工作和留学等长期生活经历的人对中国影响力的评分更高。问卷调查结果显示，没有来华经历的被访者对中国影响力的平均评分为60.6分，有中国观光经历的被访者对中国影响力的平均评分为59.2分。而有中国出差、留学、工作经历的被访者对中国影响力的平均评分为65.8分。

第五，来华经历较多的人群更清楚中国是韩国的最大贸易顺差国。我们在问卷调查中要求被访者在美国、中国、日本与其他国家中选择韩国的最大贸易顺差国。调查结果显示，在没有来华经历的被访者中，知道中国是韩国最大贸易顺差国的占44.6%；在有中国观光经历的被访者中，知道中国是韩国最大贸易顺差国的占52.7%；在有中国出差、留学、工作经历的被访者中，知道中国是韩国最大贸易顺差国的占57.7%。

第六，中国经历较多的人群对中国崛起的认识也更加积极。问卷调查结果显示，在没有来华经历的人群中，认为中国崛起对韩国“利大于弊”的比例占16.3%；在有中国观光经历的人群中，认为中国崛起对韩国“利大于弊”的比例占21.4%；在有中国出差、留学、工作经历的人群中，认为中国崛起对韩国“利大于弊”的比例为30.8%。

第七，中国经历较多的人群对中国的好感度更高。调查结果显示，没有来华经历的被访者的平均中国好感度为46.1分；有中国观光经历的被访者的中国好感度与之没有显著差异，为46.2分；有中国出差、留学、工作经历的被访者的中国好感度明显较高，为51.2分。

综上所述，中国出差、留学、工作的经历起到了提升中国好感度的作用。因此可以预见，随着越来越多的韩国人有机会深入了解中国，随着整个韩国社会对中国了解程度的提升，韩国人对中国的看法也会越来越积极。

（二）“中国观光”带来的负面印象

人们选择某个观光地出游，是出于对这一观光地的好感。但访谈研究发现，有中国观光经历的韩国人虽然对中国的自然风景和历史遗迹等有很好的印象，却也有部分韩国游客因为中国观光服务业的落后而对中国产生了一些负面印象。以下是与之相关的部分访谈内容，暴露出目前廉价中国观光产品存在的问题。

> “我去了张家界，中国的自然景观真的非常神奇，但是无论到哪里吃的都很差。饭店乱哄哄的，总是那几样菜，肉菜很少，汤里都是水，5天时间里一直挨饿。幸亏我们从韩国带了零食和方便面，晚上就在宾馆里泡方便面。宾馆也不干净，看上去还可以，可是枕头上有股味道。中国的服务员都很不亲切，太忙了，不怎么理你。”（男，25岁，大学生）
>
> “我爸妈去中国旅行的时候导游总是暗示他们给小费，他们不给，导游对他们的态度就越来越冷淡，最后我爸妈

还和导游吵架了。还有就是不考虑老人腿不好，每天都走很长的路，就是为了省钱。比如他们去一个什么地方要买门票，导游就说要到后门买，后门的票便宜，可是去后门要走小路，车就开不进去，他们走到门口就已经累了。我爸妈回来后说觉得中国是个非常冷漠的社会，中国人眼里只有钱。”（女，37 岁，公司职员）

（三）中国留学生的负面印象

韩国大学积极吸引中国生源，降低入学门槛，随着在韩中国留学生数量的迅猛增长，这一群体的素质出现了参差不齐的现象。再加上韩国大学对这些留学生缺少支援，使得他们难以适应韩国学习生活。通过访谈，我们发现部分中国留学生的学习、生活态度不积极，难以完成学业，他们在韩国教授和同学们心中留下了负面印象。

“现在很多研究生的课，课堂上中国学生占一半以上，其中有的甚至根本听不懂课。这样的课没法讲，比本科生的课讲的还要容易。安排他们发表是不可能的。一些学生考试交白卷、用汉语答题，作为老师没法给分。韩国学生也深受其害。上学期我们有个挺聪明的韩国学生考了我们系的研究生，教授们劝他去海外留学。（这些中国学生没学过韩语吗？）有的入学后学过 1 年韩语，但 1 年的时间怎么够？而且我们还有这么多英文教材，很多学生英文和数学基础都不好。”（男，52 岁，大学教授）

“学校里中国学生很多，我们都不愿和他们交往，如果课堂上做作业的时候分到一个小组就很倒霉，一些中国

学生什么都不会做，只想依靠我们。”（女，25 岁，大学生）

“我们学校中国学生真的特别多。可能是因为都有钱，都不像来学习的，像是来玩的。也不努力学韩语，聚在一起说中文。”（女，20 岁，大学生）

二、人员交流对中国人“韩国观”的影响

（一）“韩国观光”的负面印象

自中国开启海外观光的大门以来，很多人受“韩流”文化的吸引，选择到韩国观光。但是由于观光业竞争激烈，部分韩国观光游商品也存在着低质低价的问题。一些中国人怀着对“韩流”文化的憧憬到韩国但却失望而归，“韩国观光”的经历反而使其对韩国的认识变得负面。

“我们报的那个韩国团倒是很便宜，4 天时间走 3 个城市每个人还不到 5 千，可是去了才知道是个购物团。行程里写的地方倒是都去了，可是看景点的时间很短，导游不停地催。我们后来都习惯了，下了车就赶快抢着照相，吃饭也像打仗。导游总带我们去买东西，买东西的时候导游就不催你，总介绍韩国这个东西好那个东西好，让我们买。最后快到机场了还领我们去一个卖杂货的超市，让把剩下的韩币买成小礼物回国送人。我没理他，根本没下车，我想到了机场买免税店的东西。但是在那个超市里耽误时间太多，最后来不及逛免税店了。”（女，37 岁，大学老师）

“我负责韩国出境游。在出境游里韩国游的吸引力不大。选择韩国的人就是为了出国，韩国游价格便宜。很多路线是韩国、日本都去，和日本一比，韩国的城市明显老旧，而且脏乱差。客人们很多都以为韩国是韩剧里干净发达的样子，到了韩国后就感到失望。特别是像东大门市场那些地方是一定要去的，但是那里卫生状况不好，客人们的韩国第一印象就变得不好。我第一次去韩国就先去了东大门，走他们那个地下通道，和我印象里的韩国比，心理落差挺大的。”（女，26 岁，旅行社职员）

“我在韩国语言进修的时候，我同学一家人去韩国旅游，我也陪着他们一起玩儿。我同学家很有钱，可是导游带他们去的地方都太低档了，去市场啊还有明洞一些价格很便宜的店。后来我跟导游商量了半天，把他们一家人带到百货商店去买东西了。”（男，23 岁，大学生）

（二）韩国留学生的负面印象

在华韩国留学生同样存在良莠不齐的问题，中国大学也同样存在对留学生支援不够的问题。这造成了其中一些韩国留学生的学业成绩太差，给中国的老师和同学们留下了负面印象。

“我们学校的韩国留学生不好好学习。他们都是在本国考临床医生考不上的才到我们这儿来。用功学习的人是少数……早上上课总迟到，还经常旷课。韩国人喜欢晚上玩儿到很晚，早上就起不来。他们汉语能力也很成问题。韩国学生单独编班上课，我们出题的时候出的也比考中国学生简单，还提前告诉他们复习范围。但就是这样还是有

很多人考试之前才抱佛脚，一考完试就来找老师要分数……”（女，37 岁，大学老师）

“上海的韩国留学生越来越多，有努力学习的，也有来混文凭的。有的学生太差了，我们也不给毕业文凭。我觉得有想法、努力学习的人占 30%—40% 吧，也有一些人是想努力学习但是不能很好地适应这儿的环境，中国和韩国的教育方式也不一样。很多韩国留学生总是逃课后聚在一起玩儿，喝酒，住在韩国人很多的那种小区里，说韩语、吃韩餐，汉语也不好……”（女，33 岁，大学老师）

（三）韩企中的文化碰撞

访谈研究发现，与韩国人共同工作或者进行商业合作的中国人普遍认为韩国人吃苦耐劳、有敬业精神，非常值得中国人学习。但是，中韩劳动者在合作过程中也出现了很多文化摩擦。在驻华韩企中，这种文化摩擦导致中国员工的职场满意度下降。一些受聘于韩国大企业的中国人认为韩国企业文化中有一些是他们难以接受的，例如加班文化、家长制式的上下级关系、僵硬而缺乏竞争的用人制度、男尊女卑的企业文化、工作形式化而效率低下等。

“韩国人是工作狂，喜欢加班到九十点。工作效率不知道怎么样，但是很喜欢加班。他们国家小，危机感很强，就知道工作，没有自己的生活。刚派来的韩国人看不惯我们到点就下班，他们觉得为什么不再干一会儿？希望我们干到 10 点也不要加班费。中国人觉得很没道理，为什么要再干一会儿？”（女，29 岁，韩国企业职员）

“我以前的那个韩国人上司加班的时候让我们也等着，我们没有事情做，就干待在办公室里。反正那时候没结婚，不着急回家。但是他们的这种做法我很不能理解，白天靠在椅子上迷迷瞪瞪的、喝咖啡聊天，下班了又要加班。现在经济不好，韩国企业也号召减少加班，减少报告文化，但是文化不是一两天就能改变的。”（男，30 岁，韩国企业职员）

“不管哪个部门总会有一两个骂人的上司。我们的总部长就天天都在咆哮着骂人。我记得那次是因为他说办公室里不干净。我们一个科长把毛巾搭在椅子背上，总部长就咆哮了：‘这是你们家厨房吗?’……他骂人从来不顾及这些中层领导的脸面，经常当着我们的面。‘你看什么看?不想干了吗?’他人不坏，就是这种说话方式，说完了就忘了……我们当然不喜欢这种企业文化，太压抑了。”（女，33 岁，韩国企业职员）

“我大学毕业刚到韩企工作的时候不了解韩国公司里的等级，听说过，但还是没想到会那么厉害。比如我们有个平时很严厉的部长，但是只要总经理过来他就从老虎变成了猫似的，跟在后面开门啊什么的。总经理走的时候他会到门口鞠躬，一直到总经理的车开远了才直起腰来。天啊，我们都趴在窗户上看，觉得很新奇。”（女，35 岁，韩国企业职员）

“韩国人认为怎么做对的话就要那样做，如果你提反对意见，他就会教育你，说你工作态度不对。”（女，32 岁，韩国企业职员）

“韩国企业人员流动性挺大，大家在这儿积累了经验就找工资更高的企业跳槽，因为韩国企业里升职很慢。中国人如果有能力的话就希望得到重用，但韩国人不太注重能力，只要按上司说的做，不出大问题就行，所以很多有能力的人就受不了，都走掉了……”（女，29 岁，韩国企业职员）

“在用人方面，韩国小企业和大企业的问题正好相反。小企业说裁人就裁，你跟他多少年、出过多少力他们都不管，说不要就不要了，很不地道。大企业就特别没有竞争激励机制，如果上级不骂人的话，在里面待着很舒服，我有几个师姐就说先在韩企里生完孩子，然后再跳到其他外企去。”（女，24 岁，韩国企业职员）

“跟以前的韩企相比，在现在的欧洲企业里虽然竞争的压力大，但是心情很好。因为自己只要努力就有很好的上升空间。不是上司督促你，是自己往上奔，压力主要是来自和其他人的竞争。”（男，36 岁，前韩国企业职员）

“我们公司的高层里女性非常少，从韩国派来的上司中我还没见过女的，听说其他分公司里有过。韩国人也说中国男女平等，女职员不比男的差，但是感觉女的在韩国公司要想往上升还是有些无形的障碍……比如说男的经常一起去喝酒唱歌什么的，咱们中国女的都不怎么喝酒，就感到有些被边缘化了……韩国企业不太注重工作能力，和领导多沟通就显得更重要了，女的就很不利。”（女，28 岁，韩国企业职员）

“最讨厌的是有些年纪大的韩国上司喝酒的时候就会让女职员倒酒、唱歌。他们在韩国觉得这没什么，但是中国人就觉得不舒服。喝了酒之后还会当着女职员的面讲黄色笑话……”（女，35 岁，韩国企业职员）

“韩国企业的一大特点是做很多图表和报告，而且做得非常漂亮，在美工上很下功夫。我工作过的德国和中国企业根本没法和韩国企业比……确实很好看，我也学到了很多做 PPT 的方法，但是花时间太多了。有时候想到忙来忙去做的都是些没有多大意义的事情，就觉得挺空虚的。”（女，28 岁，韩国企业职员）

“只要有韩国人参加的会议，PPT 一定要做得非常漂亮，越到总部那边，越到韩国人多的部门，PPT 做得越艺术。有时候为一个图应该怎么画会改来改去。我们觉得怎么画内容都是一样的……”（女，33 岁，韩国企业职员）

（四）中韩商人合作中的分歧

在商贸合作中，很多中国商人认为韩国中小企业不够“诚信”，并因此而对韩国人产生了负面印象。

“韩国中小企业的老板们素质比较低。小事情比如不守时，两点约好了三点到的事情很多。然后就是合作的过程中总是耍小聪明，赚小便宜。比如说和韩国人吃饭，吃完饭之后他们总说要埋单，但是不掏钱。就是百八十块的钱都不掏，中国人觉得很可笑。反正就是像这种小聪明吧，一下子就能看穿的……做买卖也不守信誉，最起码的生意场上的规矩都没有……他们确实也会被骗。……比较大的事情就是韩国老板欠钱逃跑。前几天就有一个新闻，说一个投资上千万的韩国饭店也忽然逃跑了，欠了工资和供货商很多钱，公安和法院都出动了……其实这之前韩国人信誉就不好，赖账不给啊什么的。劳动法改革后其他的外企都没事儿，就是韩国企业跑了……因为他们总是恶性竞争，利润很低，工人待遇涨一点他们就做不下去了。最

近又经济不好，又出现一批逃跑的。”（男，41 岁，服务业业主，主要客户为韩国、日本企业）

“我们公司做外贸生意，我们避免和韩国客户合作。因为我们是小公司，所以不敢和韩国人做。如果一个买卖他们不给钱跑掉的话就是几百万，我们担不起。我们已经有固定的日本客户，所以没必要跟韩国人冒险。他们（韩国客户）就想赚一笔就算了，没有长远打算……”（女，28 岁，外贸公司管理层）

第三节　“韩流”对中国人“韩国观”的影响

中国人是从“韩流”[①] 涌入中国后开始熟悉韩国的。面向中国人进行的“韩国形象”问卷调查结果显示，“韩流”中的韩国影视剧是中国人了解韩国的最重要渠道。被访者中主要通过“韩国影视剧了解韩国”的占 69.4%，32.8% 的被访者看过 10 部以上韩剧，没看过韩剧的只有 4.3%。在每天都能接触到韩国人的 650 名被访者中，仍有 406 人回答除了“身边的韩国人”以外，“韩剧”是他们了解韩国的重要信息渠道。甚至在 60 名有过两个月以上韩国滞留经历的被访者中，仍有 22 人

① “韩流”一词第一次出现是在 1999 年 11 月 19 日的《北京青年报》上，是指在中国以及东南亚地区流行的韩国大众文化。追捧“韩流”的主要人群是中国大陆、香港和台湾，以及日本、越南等地的年轻人，他们喜爱韩国音乐、影视剧、服装饰品、游戏、饮食和发型等韩国大众文化。“韩流”现象出现后不久，韩国的市场营销业界就出现了“新韩流”一词。营销专家们努力在受“韩流”影响的地区创造一种“新韩流”，也就是把人们对“韩流”的热情转化为观光、消费和时尚潮流，以期惠及韩国更多的产业。本文中的“韩流”范围限定为韩国影视剧、音乐、食品和服装饰品。

认为“韩剧”是他们了解韩国的重要信息渠道。通过访谈研究，我们了解了“韩流”对中国人“韩国观”产生的具体形象。

一、“韩流”的盛行及其对中国人“韩国观”的影响

最初迷上“韩流”的是出生在中国东部发达城市的“80后”，他们是在“韩流”文化中长大的第一代人。20世纪90年代“韩流”进入中国，给他们带来了巨大的文化冲击。今天，“80后”是二三十岁的年轻人，他们在今天称“韩流”是高度商业化的时尚文化。我们通过访谈研究发现，这一代人以及比他们更年轻的中国人都对来自韩国的影视剧、演唱会、电视娱乐节目、街舞和服装饰品非常熟悉，他们普遍认为韩国流行文化的特点是“光鲜靓丽”以及“时尚前沿”。

> “上中学的时候受‘韩流’影响挺多的，HOT、安在旭什么的特别流行。那时候韩国这些艺人，他们的发型和衣服就是时髦的代名词……韩国文化在我印象里就是嬉哈风格，很多口袋的大肥裤子，染成各种颜色的头发，有点拖拉。那时候（上中学的时候）觉得很酷、有个性……有一段时间（韩国歌星）就是流行的代名词了……那时候特别是有些叛逆的不太爱学习的孩子都是那种风格……”（男，25岁，公司职员）
>
> “Rain现在是亚洲巨星了，（北京）奥运会上也出来唱歌。我觉得他代表了韩国明星的特点，小眼睛、很干净，笑起来很可爱。韩国的明星不是很帅，但是他们包装得非常有特点、有味道。韩国的明星很专业、很努力，对粉丝们也很好，他们的性格啊什么的都是受过教育的，不

像中国的明星那样耍大牌……他们很敬业，就算是男的也把皮肤、身材管理得非常好。所以比中国的明星招人喜爱。”（女，28 岁，韩企职员）

访谈研究发现，女性对韩剧的关注更多，她们在观看韩剧时非常注意韩国人的着装打扮以及居家装饰，容易被韩剧中悲情、浪漫、时尚的氛围所感动，认为韩国影视剧对情感的刻画非常细腻，并且很欣赏这种“韩国情调”。与此同时，她们对韩国电视剧中展现的传统礼仪和传统习俗也印象深刻，并因此而感到韩国文化“具有深厚的东方文化底蕴”。

“我就是看电视里播放的韩剧（不会买韩剧的光盘看）。韩剧里的韩国很干净、发达，吃的、穿的、用的都很精致。韩国人很有上进心，工作很努力。韩剧里家庭故事很多，感觉他们的家庭很和睦，有浓浓的人情味儿，而且和我们的文化传统相近，我们很容易被感动。”（女，25 岁，商店售货员）

“韩剧中对感情的刻画很揪人心，让你特别想看下集。在电视上一集一集等着看我可受不了，我都是在网上看或者买碟看，周末或者长假的时候有时候会看通宵，一口气看完为止。”（女，28 岁，公司职员）

“韩剧经常看得人哭了笑、笑了哭。他们的编剧好像很会刺激人的感情，演员的表演也很到位。虽然没有什么了不起的故事，但是很容易让人沉浸在故事里。因为能听懂韩语，就更能体会到人物的那种细腻的感情……”（女，22 岁，大学生）

“韩流”不仅使中国人形成了对韩国文化的认识，而且也影响了中国人对韩国经济、社会等各方面的评价。把“韩流”作为主要韩国信息渠道的中国人更倾向于认为韩国安定、先进、富裕、快节奏，是有魅力的观光地。

但是“韩流”对中国人“韩国观”的积极影响有其局限性。中国人认为“韩流”文化“商业化”、“时髦”、“贩卖发达国家流行元素”、“不大气”，具有“青少年文化”以及“女性文化”的标签，虽然“时髦光鲜”，但是“肤浅”，称不上“高档”。“韩流”文化从最初的流行音乐发展到影视剧等多种文化领域后，虽然成功地实现了从青少年文化向多人群文化的转型，但却始终未能摆脱其“商业化”和“文化快餐”的形象，没能完全摆脱“青少年时髦文化”、“女性文化”、“文化快餐”的标签。“韩流”的这些定位成了一些中老年、高学历男性人群不认可“韩流”的原因。

> “还是青少年、青春期的孩子们更喜欢‘韩流’，因为这个年龄段喜欢煽情的东西。如果长大了还热衷于‘韩流’的人可能就是那种性格单纯、浪漫的人。”（女，29岁，教师）
>
> “我们上小学的时候不管男孩女孩，很多人都很喜欢HOT，我的一些表哥表姐什么的也都喜欢，我们就好像是泡在‘韩流’里长大的……但是长大了以后大多数人就不再那么喜欢韩国音乐了，感觉就是小孩子们迷的东西，那些歌星一般年龄也很小……上大学后韩剧看得多了，主要是女生们喜欢看，男生好像很少。女生就是喜欢沉浸在那种童话一样的故事里面……那种特别纯的爱情还有灰姑娘故事不都是成人童话吗？”（女，21岁，大学生）

“韩剧或者是家庭剧或者是爱情故事，都是女孩子喜欢。我基本上没看过什么韩剧。我不喜欢涂脂抹粉的男的。倒不是觉得难看，就觉得他们为什么都是那一种风格，很快就厌烦了。而且我们上学的时候好像都是那些比较叛逆的同学喜欢韩国音乐，穿奇装异服、染头发、在一起抽烟，还欺负低年级的孩子，所以我小时候对‘韩流’的印象不太好。”（男，25岁，硕士研究生）

“我很喜欢流行音乐，但是一般都是听欧美的音乐。我觉得日韩音乐很多都是模仿欧美，没有自己独创的内容，很肤浅。韩国的流行组合都包装华丽，注重外貌、身材、舞蹈什么的。他们的音乐也就是在大街上放放，没有很多值得仔细欣赏的东西……迷韩国歌星的都是小孩子，这也证明了韩国音乐的水平不高。”（男，20岁，大学生）

“广州大街上韩版的衣服很多。其实很多都是在中国生产的。一般都是10多岁的女孩子喜欢韩版的衣服，不贵，而且很可爱。我以前上大学的时候也喜欢去一些小店淘韩版的衣服，工作后就要穿一些成熟稳重、质量更好的衣服了，就不买韩版衣服了。”（女，33岁，公务员）

二、“韩流”的衰落及其对中国人“韩国观”的影响

伴随着2005年唱遍中国大街小巷的《大长今》主题曲，“韩流”在中国达到了顶峰，然而从2006年开始，“韩流”的势头开始减弱。“韩流”衰落的一个原因是“韩流”文化自身遇到了发展瓶颈。“韩流”没能突破其“商业化”、“文化快餐”、“青少年与女性文化”的瓶颈。韩剧以唯美的画面、煽情的音乐、靓丽的人物、富有的男主角、令人怜惜的女主角、

纠结的三角恋关系、主人公不幸的命运、充满人情味的家庭关系、草根的成功以及灰姑娘故事吸引了中国人的眼球，但是这些故事反复出现在韩剧中，在几百部韩剧被中国的电视台轮番播放后，观众们最终产生了审美疲劳。

> “韩剧太长了，像《人鱼小姐》有100多集，中间跳过几集都能接得上。而且韩剧的故事情节都很像，要不就是‘灰姑娘’，要不就是得‘失忆症’啊什么的，现在看了开头就知道结尾，所以这几年不太看了。感觉现在韩剧不如前几年流行了，有些消费过度……也可能是因为长大了，青春期的小女孩可能还是喜欢那种青春偶像剧……”（女，22岁，大学生）
>
> “上大学之前就喜欢韩剧，上大学后学韩语，所以一有时间就看韩剧，算是看了个够。现在在公司里韩国上司还会给我们介绍韩剧看，周围很多人中午休息的时候会看一集。但是觉得这些年来韩剧的情节都没怎么变，我觉得我都可以编韩剧了……灰姑娘故事，然后就是家庭剧，加起来占80%以上吧……现在越来越没兴趣了，只是挑一些轻松愉快的情景喜剧看看……”（女，29岁，企业职员）
>
> “上小学的时候韩国音乐非常流行，但是到现在（韩国流行音乐）也没什么发展。虽然不断有新歌手，但他们的包装都是流水线，都非常相似，很快就烦了。”（男，20岁，大学生）
>
> “韩国文化很外在，是商业包装的结果，就是文化快餐。这种东西可能会一阵阵地流行。一阵喜欢，一阵降温了，再过一阵说不定他们又推出什么吸引人眼球的东西，但是肯定过不了几天就又腻了。”（男，30岁，韩企职员）

在“韩流”进入中国的20世纪90年代，中国的文化产品特别是影视剧作品追求教育和宣传意义，缺少“韩流”这样的消遣消费文化，“韩流”所具有的美貌、华丽、时尚、富裕、煽情以及草根的成功等诸多元素符合一般大众的审美口味，人们通过“韩流”电视剧看到的是自己对富裕美好生活的梦想，通过看韩剧得到了一种替代满足。但是在“韩流”流行的同时，中国东部沿海城市的生活水平在迅速提高，韩剧里所展示的富裕繁华场景带给中国人的刺激日益减弱。

与此同时，中国的文化产业也在“韩流”的刺激下迅速成长，在与“韩流”的竞争中不断学习。中国文化产业的成长成为促使“韩流”文化衰落的另一个重要原因。2005年韩国影视剧流行在中国达到巅峰，中国影视剧从业者也开始向“韩流”挑战。在这一年的上海电视剧节上，中国剧作者在“连续剧素材与市场”研讨会上对韩国连续剧的缺点进行了批判，并指责中国广播电视总局给韩国连续剧让出了太多的黄金播出时间。中国的电视剧从业者表达了韩国对中国多年来电视节目贸易顺差的不满。韩国一方面大力推动本国文化产品的海外输出，但在进口海外文化产品方面却非常保守，即便是面对文化产业发展水平相对落后的中国也是如此。2002年中国电视剧《还珠格格》在韩国的收视率曾经一度压倒本土电视剧，随即韩国三大电视台开始禁播中国电视剧，这一做法引起中国影视界很多不满，众多业内人士集体炮轰韩剧。在国内相关行业的强烈要求下，中国国家广电总局自2005年起减少了对韩剧的进口。[①] 与此同时，国产电视剧迅速崛起，凭借一大批优秀电视剧迅速

① 李盛龙：《“韩流”退潮现象原因解析》，载［韩］《新闻界》，2011年第4期。

收复了被韩国连续剧占领的国内市场。2006 年到 2009 年，在各大视频网站每周电视剧榜前 50 强中，国产剧占到了 75% 左右。2006 年的电视剧《暗算》、《亮剑》，2007 年的《金婚》、《奋斗》、《士兵突击》以及 2009 年的《潜伏》都获得了高收视率，韩剧则渐渐淡出了电视屏幕。韩国国际贸易院发布的《文化内容产业出口现状以及促进方案》指出，2003 年文化内容产业的出口增加率为 60.9%，到 2007 年骤降到 13.1%，[①]“韩流”是中国人了解韩国的重要渠道，也是中国人喜欢韩国的重要原因，“韩流”的退潮意味着中国人对韩国关注的迅速减少，意味着这一时期韩国文化对中国的冲击力有所减弱。

第四节　媒体报道对中韩民众相互认识的影响

一、韩国媒体对中国的报道及其对韩国人“中国观”的影响

对于韩国人而言，媒体是他们了解中国的最重要途径。问卷调查研究结果显示，韩国被访者们了解中国的最重要的信息渠道依次为电视、互联网和报纸。那么韩国的媒体是如何描述中国的呢？为了了解媒体报道对韩国人“中国观”的影响，笔者选取韩国三大报纸之一的《东亚日报》为分析对象，同时参考其他类似研究成果对韩国报纸上的中国相关报道进行了总结分析。[②]

① 李曼：《对中国“反韩流”与“反韩感情”形成的研究——以中国的媒体报道和网民反应为中心》，庆熙大学硕士论文，2009 年。

② 电视新闻和报纸新闻的信息来源经常是相同的，人们在互联网上看到的新闻报道也有很多来自电视或者报纸。仅仅通过报纸分析韩国媒体上的中国信息可能不够全面，但是由于这三种媒体相互引用，因此报纸新闻分析反映的也不仅仅是报纸上的中国信息情况。

（一）韩国报纸上的中国

首先，中国与美国、日本同为韩国媒体最关注的国家，而且中国受关注的程度持续上升。笔者通过韩国 KINDS 新闻数据库（Korea Integrated News Database System）对 1992 年 8 月 1 日至 2007 年 8 月 31 日的中国相关新闻资料进行检索发现，以中国为主题的报道共 3263 条，[①] 其中头版报道中以中国为主题的有 135 条。中国与美国、日本是韩国报纸最为关注的国家。尤其是在中韩建交之初，韩国媒体对中国的报道非常频繁，其数量远远超过对美国和日本的报道。（参见图 3—8）

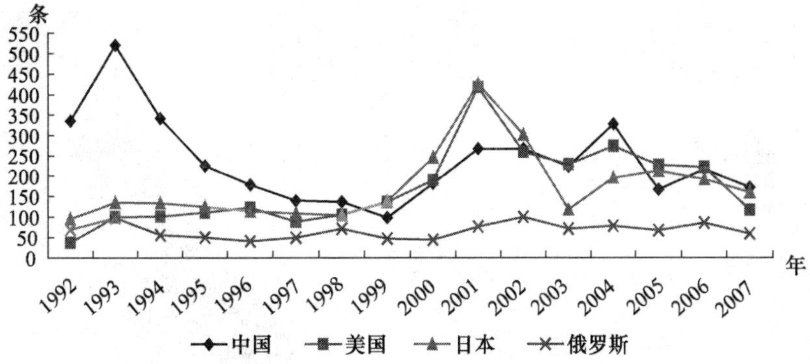

图 3—8　对中国、美国、日本、俄罗斯的相关报道数量[②]

其次，韩国报纸对中国的关注更多地集中在经济领域。笔

① 不以“中国”为题目的新闻中也有以“中国”为主题的报道，但由于研究力量有限，未能被作为分析对象。

② 由于本研究未对题目中含有“美国”、“日本”和“俄罗斯”的报道进行具体分析，图中的数据仅为 KINDS 检索系统所显示的数量，报道核心内容是否与这些国家有关并未经过核实。与之相比较的中国数据也是 KINDS 检索系统所显示的题目中含有“中国”字样的报道数量，没有剔除不以中国为主题的报道。

者按照“经济”、“政治军事”、“外交”、“社会文化”、“产品”和“国民”的分类针对《东亚日报》上的中国相关报道进行了分类统计，发现其对中国的报道主要集中在经济领域。（参见图3—9）[①] 韩国学者 Go Jeongshik 分析了韩国19家报纸在1990—2010年间的中国相关报道，同样发现韩国报纸上关于中国报道的最多的是“中国崛起”、“宏观经济政策”、“中国市场”、“中国产业”、“中国对外贸易”、“中国投资环境”、“中国经营环境”等主题，对于中国地区社会、经济改革和韩中关系的报道内容相对较少。[②] 韩国学者 Lee Jongmin 研究了韩国最大的连锁书店“教保文库”的互联网资料，同样发现2000年以后韩国出版社热衷于出版介绍中国的书籍，但内容主要都集中在经济领域。[③] 但是，从长期发展趋势来看，随着交流的深入，韩国报纸对中国社会文化领域的报道数量在明显增加。

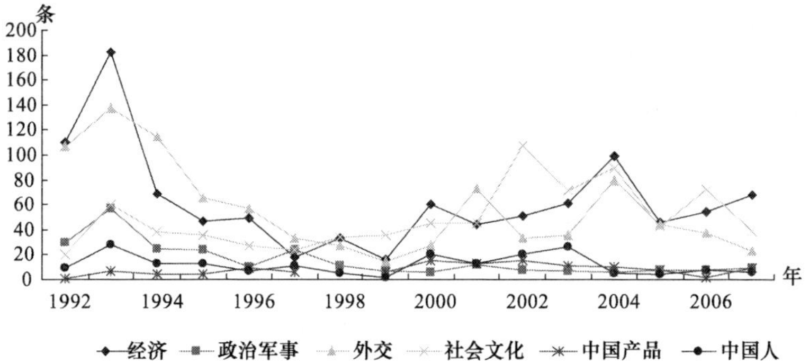

图3—9 《东亚日报》对中国各类报道的数量变化

① “中国经济”分类的新闻报道主要介绍中国经济的总体情况、中国经济政策等，如果将“中国产品”也算作“经济”话题进行统计，那么关于中国经济的报道数量更多。

② 高廷植：《韩国对中国经济的认识变化》，载《韩中社会科学研究》，第8卷第2号，2010年。

③ 李钟玟：《读中国改革开放后看韩国的眼睛》，载《中国学论丛》，2003年第15辑，第308—328页。

再次，2000 年以后，《东亚日报》对中国的负面报道在增加。对《东亚日报》头版中以中国为主题的 135 条报道进行分析后，我们发现以 1999 年为分界线，在这之前《东亚日报》对中国的正面报道偏多，但在这之后《东亚日报》对中国的负面报道偏多。这些报道的内容大致可以分为 16 类，把每年对中国的头版报道按这 16 类进行分类整理后，《东亚日报》头版对中国报道的转变就变得非常清晰。（参见图 3—10）

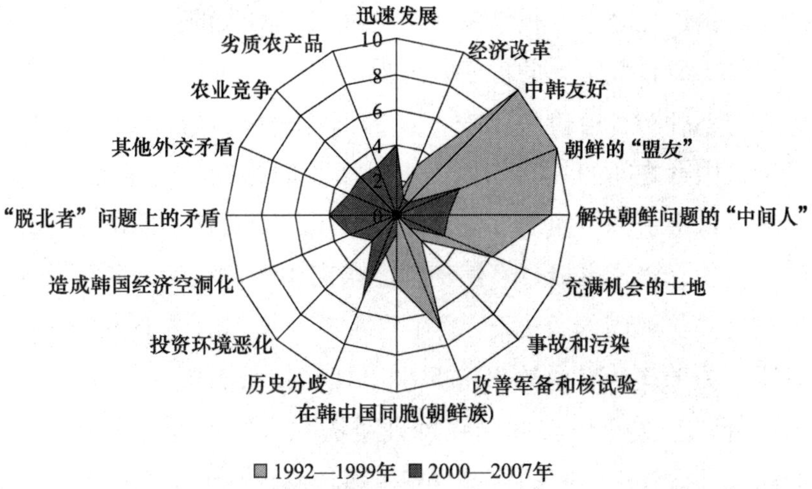

图 3—10　《东亚日报》头版报道中的中国形象

综合分析 1992—1999 年的中国相关头版报道，我们可以看到这样一个中国：中国在与韩国发展友好关系的同时也是朝鲜的朋友，是解决朝鲜核问题等一系列朝半岛问题的关键力量。在经济方面，中国对投资者而言是一片充满机会的土地。这段时间里，《东亚日报》头版中对中国的负面报道主要包括中国扩充军备以及进行核试验等内容，而且此类报道数量较少。2000—2007 年的中国相关头版报道中，负面报道的数量增多，涉及的内容也更加多样。首先，在经济方面，中国虽然仍旧被介绍成充满机会的土地，但是这种论调的报道明显减少，介绍中国投资环境恶化的报道开始出现。2006 年和 2007 年，对韩国资本过多流入中国而造成的国内投资减少、就业困难等问题表示忧虑的报道也出现在了头版中。其次，在中韩经贸关系方面，中国农产品占领韩国市场引发韩国农村危机、中韩贸易摩擦等内容更多地出现在报纸头版。与此同时，中国劣质农产品的报道也登上了报纸头条。这些报道给人的信息是：中国农产品劣质且危害人的健康，劣质的中国农产品充斥韩国市场令人防不胜防，廉价中国农产品的涌入使韩国农业更加艰难。最后，中韩之间的“高句丽历史争端”问题成为《东亚日报》对华报道中最为负面的部分。《东亚日报》对这一问题的报道篇幅很长，语言也最具有煽动性，指出中国进行的高句丽历史研究是“偷韩国的历史”，意在“觊觎”朝鲜的领土。2004 年以后，关于这一问题的报道 5 次出现在报纸头版。除此之外，2000 年以后关于中韩两国在处理“脱北者”问题上的不同立场以及其他外交摩擦的报道也曾较多地出现在报纸头版。

徐玉兰针对 2007 年和 2008 年《朝鲜日报》对华报道的分析则发现，在中国相关报道中，经济类和文化类报道的论调较为积极正面，而政治和社会类报道的负面倾向较为明显。中国被描述为崛起中的“超级经济大国”以及活跃在世界舞台上的“政治大国”。该报纸对中国政府的反腐败行动、政府和领导人的个人领导能力以及中韩关系发展成果的评价都较为积极，而负面报道主要围绕西藏问题以及奥运会前后中国政府的外交礼节等问题展开，报道中出现了“傲慢的中国人”等词语。在文化方面，该报纸认为中国积极发展文化产业、注重开展文化交流，拥有悠久文化历史。在社会方面，该报纸关注中国社会发展不均衡、社会治安较差、灾难较多、假冒伪劣产品盛行等问题。①

分析韩国报纸对华报道风向改变的原因，笔者认为除了受中韩间“历史争端”等特殊事件的影响之外，中韩两国发展差距的缩小引发了韩国人看待中国视角的变化。1997 年金融危机之后，韩国的经济发展速度放缓，而中国的经济增长却一路高歌猛进，中韩之间的经济技术差距在不断缩小，中国在世界经济、国际事务等各方面的影响力不断提升，关于中国崛起的报道频繁出现在全球媒体上，中国国内学习韩国的声音越来越小。如果说中韩建交之初韩国人审视中国的视角带有不少优越感，那么从 2000 年前后开始，面对中国崛起的紧张感不断增强，因为中韩发展差距减小而产生的焦虑感不断增强。在这样的情况下，韩国人看待中国的心态变得非常敏感而矛盾，时而夸大中国的发展和作用，时而强调中国发展中的问题。在中韩关系问题上，对中国崛起的预期使其受害意识和警戒心增强，因此更容易对中国外交做出负面解释。

（二）韩国媒体对韩国人“中国观”的影响

韩国媒体对中国的关注度非常高，派驻中国各地的通讯社与记者的规模都非常庞大，其中了解中国和中韩关系的“中国通”也越来越多。韩国媒体大量地向国内传递着中国信息，成为韩国人了解中国的重要窗口。中韩民间关系遭遇寒潮时，韩

① 徐玉兰：《韩国媒体中的中国国家形象——以〈朝鲜日报〉为例》，载《国际新闻界》，2010 年 11 上半月。

国媒体曾及时呼吁韩国社会进行反思，同时也认真反思了媒体自身在中韩关系中所起的作用。近年来，韩国媒体与中国媒体之间的合作越来越多，双方已经达成协议互相提供新闻素材，定期召开对话论坛等。但是，韩国媒体业的市场竞争非常激烈，媒体难免追求刺激的、吸引读者眼球的报道。站在发展中韩关系的立场上看这些报道，就会发现韩国报纸针对中国的一些报道存在着令人担忧的因素。

首先，韩国媒体喜欢刺激韩国人的民族主义情绪。围绕中韩之间的“高句丽历史争端”，韩国媒体很多报道所使用的语言都带有煽情色彩，报道内容中有主观臆测和夸大的部分。例如“中国偷窃韩国历史”、“历史战争”、“历史霸权主义”等词汇都足以使读者在深入了解事实之前首先陷入愤怒。“中国为间岛争端做准备”、“中国觊觎朝鲜领土”等言论是不切实际的臆测，“中国经济开发破坏长白山”、“中国政府对韩态度傲慢，韩国政府一味让步”等言论也不符合事实。此类报道迎合了韩国人的民族主义以及对中国崛起的忧虑，从而能够吸引读者注意。事实上，韩国国内学者对中国进行的“东北工程”有两种不同解释：部分学者认为“东北工程”是中国“文化霸权主义”的表现，是为有可能发生的“领土争端”做准备。还有很多学者认为中国希望通过“东北工程”研究团结少数民族、促进中国边疆地区的社会发展，只是在进行研究的过程中缺乏对周边国家的考虑。对于如何看待高句丽的历史归属，中韩两国历史学者也都持有各种意见，中国学者并非都认为高句丽是中国的地方政权，韩国学者中也有人提出在“中国东北”这一地理空间里，历史上曾经生活着很多民族，存在过多个国家和文化，这一地区可以被看作是独立的历史共同体。[①] 韩国媒体在报道“高句丽历史争端”时对这些不同观点的介绍非常欠缺，对多民族国家与单一民族国家之间存在的天然的历史观念差异探讨不足，对不同主张背后的事实依据几乎没有讨论，大部分报道内容都在强调“高句丽是韩国历史”，都在声讨中国。这种报道模式不利于引导民众对两国之间的历史问题进行思考，不利于两国民众了解中韩之间的认识差异，不但促使中韩民间感情进一步恶化，更令人担忧的是两国民众之间这种敌对的民族主义情绪一旦形成，将在很长时间里成为中韩关系的隐患。

其次，韩国媒体曾经设置莫须有的“中韩争端”话题，引发了韩国社会对中国的敌对情绪。在韩国媒体围绕“高句丽历史争端”对中国进行大讨伐的过程中，各大报纸不断争相升级现实中并不存在的“中韩矛盾”，不但提出中韩之间存在“间岛争端”，后来还提出中朝之间存在“长白山争端”。事实是中韩之间既不存在“间岛争端”，中朝之间也不存在“长白山争端”，提出这些问题不符合历史事实也不符合国际法则，却会给中韩关系增添无中生有的麻烦。媒体在很大程度上掌握着话题的设置权并引领舆论方向，特别在国际问题上，受众因为缺乏信息更缺少辨别能力，容易接受媒体观点。韩国媒体制造的“中韩/中朝领土争端”话题影响了很多韩国人，韩国运动员在 2007 年亚洲冬运会上打出的条幅便恶化了中韩民间关系。这就是一个媒体制造争端、民众相信媒体，进而现实中影响中韩关系的例子。

再次，韩国媒体长期以来以单一的西方价值观评判中国，

① 金翰奎：《辽东史》，首尔：文学与知性社，2003 年。

这些舆论是强化韩国人对华负面认识的重要原因之一。在人权、民主、民族政策等问题上，韩国媒体一贯站在西方价值观阵营里，对中国持批判态度。建交之初，韩国媒体关于这些问题的很多报道直接引自欧美媒体，后来韩国媒体的中国报道虽然几乎都出自韩国记者之手，但仍然与西方媒体持有相似立场。

二、中国报纸对韩国的介绍及其对中国人“韩国观”的影响

（一）中国报纸上的韩国

与韩国报纸对中国的报道数量相比，中国报纸对韩国的报道数量较少。韩国报纸自中韩建交之初就对中国显示出浓厚的兴趣，90 年代末中国相关报道的数量回落到一个较为稳定的水平，与美国、日本相关报道的数量大体相似。但中国报纸对韩国的关注稳步增加，报道数量在 2000 年以后不断增长。有学者对 2000 年 1 月至 2006 年 12 月《人民日报》和《环球时报》上的韩国相关报道进行了分析，发现这两家报纸关于韩国的报道在 2000 年前后经历了明显的话题转化：90 年代关于韩国的报道主要集中在经济领域，但 2000 年以后关于韩国经济的报道数量有所减少。在“韩流”的冲击下，中国报纸关于韩国文化的报道数量呈现出爆炸式增长，关于韩国社会的报道数量也明显增加。[①] 这些报道有的介绍韩国的文化社会，有的讨论韩

① 朴祥俊等：《韩国和中国报纸中的韩国和中国国家形象》，载《韩国航空经营学会志》，第 6 卷第 1 号，2008 年 3 月，第 249—265 页。

国文化产业的发展经验，有的介绍中韩之间的历史文化争端。2005 年，《环球时报》等报纸报道称韩国将端午节申请为世界文化遗产，这一报道引发了中国民众对韩国的反感。此后中国媒体围绕韩国文化“去汉化”等现象进行了一系列报道，并且报道了中韩两国社会围绕汉字、中医、印刷术等中韩共有传统文化的归属问题发生的争议。此类报道曾一度成为吸引中国人眼球的热点新闻，也将中韩历史文化争端推向高潮。

（二）中国媒体对中国人“韩国观”的影响

在 2005 年至 2008 年的这段时间里，中国社会的“厌韩”情绪逐渐形成并日益高涨，两国民众围绕一系列传统文化的发源地之争是引发这股“厌韩”情绪的直接原因。在这场情感对抗中，部分中国媒体的不确切报道、过激报道甚至是假新闻起到了推波助澜的作用。

2005 年，韩国的“江陵端午祭”被注册为世界文化遗产，而中国媒体对此进行的报道让中国人误认为韩国把端午节申请为世界文化遗产。而关于“孔子是韩国人”、“韩国人发明了汉字”之类的说法虽然在韩国社会里存在，但却并非主流。中国媒体在报道时没有对此进行说明，有失偏颇。对于“中国起源神话来源自韩国”之类的报道中则存在着对韩国研究者的研究结果断章取义的问题。

报纸过于情绪化的断章取义的报道引发了互联网上更激烈的情感对抗。2007 年 10 月，韩、日、中国大陆、中国台湾学者召开了第 8 届国际汉字研讨会，讨论了亚洲通用汉字的国际化和标准化问题。10 月 3 日，韩国《朝鲜日报》以“韩中日台湾统一汉字”、“中国自信汉字是他们的”为题进行了报道。汉字是中国文化的精髓之一，中国人认为中国是汉字文化圈的起源地，汉字文化圈里的其他国家都受惠于中国的这一发明。因此，对于韩国报纸称“中国自信汉字是他们的”这一说法，中国媒体感到非常反感。中国的《南方日报》以“统一汉字？真可笑”为题对这一事件进行了报道，使得相关话题越来越偏离学术会议内容本身，引发了中国读者对事实的误解以及对韩国人的强烈不满。这则报道刊出后，互联网上随即出现了“韩国要将汉字申请为世界文化遗产”的假消息，这一假消息又引发了中韩网民之间激烈的情感对抗。

在中国人的“厌韩”情绪达到高潮，中韩历史文化争端成为热点话题之后，一些报纸为了吸引眼球、谋求商业利益，一些网民为了引发关注，开始制造“韩国人抢夺中国文化”的系列假新闻。例如广东的《新快报》自 2007 年 12 月 12 日开始进行了“中韩文化之争”系列报道，其中一则报道称，“根据韩国《朝鲜日报》的报道，首尔大学历史学系教授通过 10 年的研究考证证明汉字是朝鲜人发明的”。但事实是首尔大学里没有这位教授，《朝鲜日报》也没有进行过此类报道。2008 年 5 月，一名中国网民引用韩国《中央日报》的报道称，“北京奥运圣火首尔传递时参与暴力示威的中国学生被处以 10 年以下有期徒刑，罪名是伤害韩国人的民族自尊心。”这与事实不符，《中央日报》也没有进行过这一报道。2008 年 7 月，《新快报》“引用”《朝鲜日报》的报道称，“韩国成均馆大学教授发表了《孙中山有韩国血统》的论文”，这又是一条假新闻。2008 年 8 月，搜狐网站“引用”韩国《东亚日报》的报道称，“首尔大学教授认为指南针是韩国发明的”，这也是一条假新闻。2009 年 4 月 15 日，中国新闻出版总署对在《新快报》上撰写、刊登假新闻的记者和编辑给予惩戒，报纸上有关中韩历史文化争端的假新闻得以控制。但在 2010 年 5 月 14 日，《甘肃日报》又出现假新闻，称“首尔大学历史教授认为李白是韩国人”。韩国外交部采取了积极应对，通过外交途径要求其改正，避免了不良影响的进一步扩散。

综上所述，中韩媒体为两国民众提供了有关对方国家的丰富信息，促进了两国民众间的相互了解。但是两国媒体针对对方的一些不恰当报道也曾经引发过无谓的争议，损害了中韩关系。这是媒体过分追求商业利益，希望刺激大众眼球的结果。“高句丽历史之争端”和“中韩历史文化宗主国之争”使中韩民众之间的相互认识跌入低谷，动摇了中韩友好关系的社会基础。经历了这两个事件后，两国媒体进行了深刻反思，对媒体的社会责任、媒体在外交关系中的作用进行了思考，完善了中韩媒体之间的交流机制，两国政府也加强了对媒体的引导。近年来，中韩两国的传统媒体上关于对方国家的不实、过激报道明显减少。

第四章
中韩人文交流中的难点

中韩人文交流的特点是规模大，参与人群广泛；难点是虽然人文交流规模庞大，但两国民众之间的好感度却并没有因此而升高。究其原因，是因为中韩民众之间存在价值观和历史观差异，同时又缺乏信任，价值观的差异加剧了中韩民众之间的信任缺失，历史观的差异则会时而引发中韩之见的民族主义情绪对抗。

第一节　中韩民众之间的相互好感度

针对韩国人进行的“中国形象”调查结果显示，韩国人的对中好感度低于对美好感度、也低于对日好感度，与对俄好感度相当。调查问卷中将对日好感度定为 50 分，要求被访者们参照日本对美国、中国和俄罗斯好感度打分。结果显示，好感度得分最高的国家是美国，其次是日本，再次是中国，俄罗斯好感度最低。在将日本好感度确定为 50 分的前提下，美国的好感度平均得分为 63. 7 分。有 10. 6% 的被访者的对美好感度低于日本，20. 2% 的被访者的对美好感度与日本相同，69. 3% 的被访者的对美好感度高于日本。观察美国好感度分布，可见将美国好感度评为70分的被访者的比例最高，占了所有被访者的24%，在50分到80分之间集中了81.6%的被访者。对中好感度低于对日好感度，略高于对俄好感度但与对俄好感度非常相近。有44%的被访者的对中好感度低于日本，26.3%的被访者的对中好感度与日本相同，29.6%的被访者的对中好感度高于日本。观察中国的好感度分布，可见50分，也就是等同于日本好感度的比例最高，占了所有被访者的26.6%。在30分到60分之间集中了79.1%的被访者。对俄好感度与对中好感度的平均值和分数分布都非常相似。（参见图4—1）

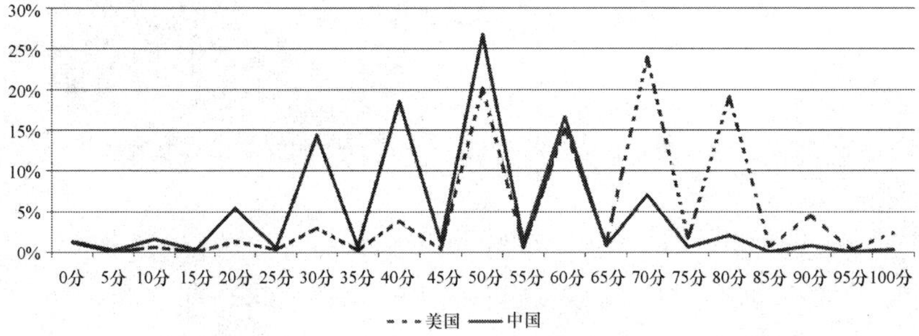

图4—1　韩国人的中国好感度与美国好感度比较

针对中国被访者进行的“韩国形象”调查结果显示，中国被访者的对韩好感度也不高，为平均61.5分，但明显高于对日好感度，也高于韩国公众的中国好感度（46.6分）。被访者的对韩好感度评分主要集中在50分、60分、70分和80分左右，这5个分数段集中了总体被访者的68.7%。其中回答对韩好感度与日本相同（48—52分）的被访者的比例最高，占整体被访者的18.9%，其次有17.4%的被访者给出了58—62分，16.7%的被访者给出了78—82分，15.7%的被访者给出了

68—72 分。（详见图 4—2）但是值得注意的是，越是韩国人聚集得多、韩国人生活时间长的城市，其韩国好感度越低。也就是说人文交流并没能提升中国人对韩国的好感。

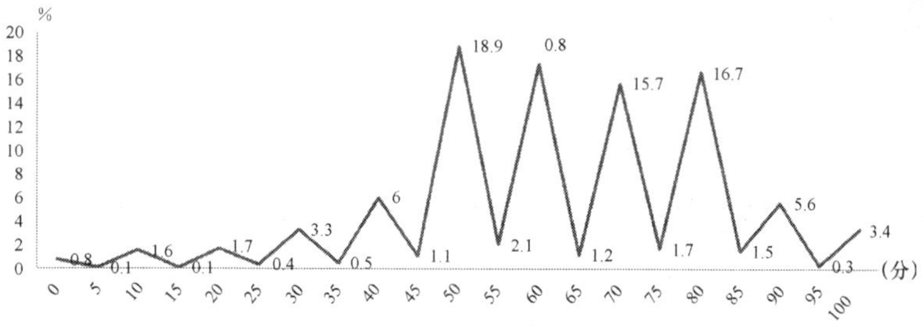

图 4—2　中国人的韩国好感度

第二节　政治体制差异引发的信任缺失

虽然全球范围内的冷战早已结束，但不同的社会制度之间仍存在着价值观差异。经过三十多年的改革开放后，中国人对于资本主义制度的包容度已经很高，但资本主义世界仍然存在着视社会主义制度为异己的现象。在被称作“冷战活化石”的朝鲜半岛，冷战思维更加明显。尽管韩国人很容易获得中国相关的信息，而且他们也认识到了中国改革开放的成果，但调查结果仍然显示韩国人对于社会主义制度怀有很深的偏见和戒备。问卷调查结果显示，认为中国社会自由开放度“高”的仅占 22%，38.8% 的被访者回答“一般”，认为中国社会自由开放度“低”的占 39.2%。韩国被访者对中国社会主义制度的偏见降低了他们的中国好感度。通过统计分析我们发现，有较多中国经历的被访者与没有中国经历的被访者相比，他们对中国社会开放程度的评价没有显著差异，不同年龄层的被访者之间也不存在显著差异。[①] 也就是说，韩国被访者对中国社会主义制度的偏见很可能不会随着中韩交流的增加或者世代更替而减弱，两国间的社会制度差异很可能长期影响韩国人对中国的信任。在朝鲜半岛的安保问题上，韩国虽然非常希望与中国合作，也与中国有着共同的希望维持半岛和平稳定的意愿，但是作为美国的军事同盟国，韩国人在安保问题上对中国的信任度很低。2010 年的调查结果显示，只有半数（50.6%）韩国被访者认为中国在解决朝核问题中起到了积极作用；81.5% 的被访者认为中国“不支持”朝鲜半岛统一；73.1% 的被访者认为中国对韩国构成“军事威胁”。

事实上，朝鲜半岛的和平稳定、无核化以及和平统一都符合中国的国家利益，而在这一问题上，韩国人对中国有着很深的误解。如果韩国把统一作为其重要的民族使命，不仅相关专家们要正确理解中国的立场，全社会都应该对此持有基本知识。因此，无论是为了中韩关系还是为了朝半岛统一，韩国舆论都应该放下猜疑，引导民众们正确了解中国在朝鲜半岛问题上的立场。

第三节 历史观差异引发的民族主义对抗

今天的中韩两国社会对本国历史文化都怀有强烈的自豪

① 交叉分析的结果显示，有中国“留学、派遣工作、出差”经历的被访者与仅有中国“观光”经历的被访者以及没有中国经历的被访者，他们对中国社会开放度的评价不存在显著差异。交叉分析的结果同样显示，19—29 岁、30—39 岁、40—49 岁、50—59 岁以及 60 岁以上被访者对中国社会开放度的评价也不存在显著差异。

感，而且两国国民对中国与朝半岛的交流历史有着不同的看法，使得历史问题很容易引发两国社会之间的情感对抗。中国人认为朝鲜在历史上是中国的朝贡国，深受中国文化影响。但自从朝半岛沦为日本殖民地，韩国人的历史认识逐渐脱离了“中华秩序”。日本殖民地时期兴起的“民族史观”以“高句丽”和“渤海”为中心重新构建了韩国历史体系，即“北方史观”，“在野史学界”①更是提出“大陆史观”，将其祖先活动的舞台进一步扩大，今天韩国人普遍认为“长白山是朝鲜领土”的看法就是受到了这种历史观的影响。②对于中韩相似的文化传统，韩国主流史学界承认历史上中国文化的影响，但强调韩国文化的独创性，“在野史学界”却主张古代文化是“由朝鲜半岛流入中国”的观点。③在中韩建交之初，中韩民众相互并不了解彼此之间的历史观念差异，10年后这些问题渐渐浮出水面，并在两国媒体、互联网网民的炒作下成为社会热点。

---

① 王元周对“在野史学者”的定义如下：“在野史学者”是指在大学历史学系或正规的历史研究机构之外从事历史研究和历史教育的一些学者，广义的“在野史学者”也包括那些在大学或正规历史研究机构工作，却相信《桓檀古记》等伪书的史料价值，肆意曲解文献和考古资料的非主流讲坛学者。详见王元周：《韩国人的历史观与中韩关系》，载《国际政治研究》，2009年第4期，第149页。

② 王生指出，受“北方史观”的影响，韩国人认为中国东北三省历史上是“韩民族的舞台”。在“造史”运动下，韩国出现了对延边提出“领土要求”的潜流。2004年，韩国59名议员提出过“《间岛协约》无效决议案”，2009年又有50名议员联名提交类似法案。详见王生：《试析当代韩国民族主义》，载《现代国际关系》，2010年第2期，第36—41页。李花子则分析了作为中朝边界的长白山如何因为朝鲜王的政治需要被叙述为其太祖的“诞生地”，又被视为朝鲜风水地理中的“诸山之宗”，最后在日本殖民地时期被作为象征朝鲜民族独立精神的“灵山”。详见李花子：《朝鲜王朝的长白山认识》，载《中国边疆史地研究》，2007年6月，第126—135页。这两个案例都说明韩国民族史学观与中国的亚洲历史观之间存在冲突，韩国人的民族史学观使其认为中韩之间存在“领土争端”。

③ 王元周：《韩国人的历史观与中韩关系》，载《国际政治研究》，2009年第4期，第154页。

韩国人关注“高句丽历史争端”[①]，中国人关注一系列“传统文化发源地之争”。中韩两国民众特别是青少年网民的文化民族主义相互刺激，韩国人的文化民族主义与“中国威胁论”相互刺激，形成了激烈的情感对抗，也更加深了中韩两国之间的信任危机。

分析危害中韩民间好感的负面因素，其中有一部分是误解造成的，另一部分则是立场差异造成的。为了中韩关系的健康发展，双方需要努力澄清误解，认清立场差异并积极应对。

韩国人对中国社会主义制度的偏见是降低其中国好感度的原因之一，熟悉中国的韩国人对中国自由开放程度的评价不比普通韩国人高，可见之所以形成这种偏见，根本性的价值观差异要大于误解。中国特色社会主义制度要被世界所接受，还需要更长时间，需要通过更多的发展成就来证实。现阶段为了不使社会制度差异成为中国与世界沟通的障碍，中国应该积极说明自身的发展道路，讨论后发展国家的发展路径以及东亚文化的特性，减少世界尤其是周边国家国民对社会主义中国的敌视和不信任。

回顾中韩之间的历史文化之争，其中有误解，但也存在立场差异。中国媒体的一些错误和片面报道曾进一步促使中国人认为韩国“抢夺”中国文化，而韩国媒体以及部分专家对于中国“东北工程”过度政治化解释也使韩国人对中国产生了不必要的敌对意识。抛开这些误解，两国国民确实都存在民族主义，在看待两国交流史时存在立场差异。无论是中国还是韩

① 2004年和2006年，中韩学术界的“高句丽历史争端”曾经两次成为韩国社会的热点，韩国社会无法接受中国史学界把“高句丽史”看作中国历史的一部分的观点，有的学者和媒体不同意中国重视高句丽研究是出于国内政治需要。这一历史争端一度上升为政府间议题，最终通过政府间协商达成口头谅解。

国，民族主义对于国家发展和社会团结都起着积极作用，但在中韩交流中我们应该努力避免民族主义产生消极作用，不使这一因素影响到两国在政治、安保以及经济合作领域里的利益，不使其动摇中韩长期友好关系的根基。为此，我们应该长期监督和引导媒体的相关舆论，在发生历史文化争端时，双方应迅速进行沟通，并避免学术问题的政治化。但要根本化解中韩之间的历史文化争端，还应该使两国国民了解彼此之间的视角差异。即便双方立场短期内难以磨合，也应该倡导两国国民冷静地围绕这些争议不断展开对话、进行换位思考。有学者分析“高句丽历史争端”的始末后指出，中韩政治合作的需求降低时，争端就更加激烈，[①] 这一现象令人忧虑。政府间的合作在国家利益的驱使下可能时而紧密时而疏远，但民众间的敌对情绪一旦形成却难以在短时间内改变，最终将动摇中韩合作的基础。对此，政府和学术界应该谨慎应对，恰当引导，避免中韩历史观差异再次引发争议，不使中韩关系背上莫须有的历史包袱。

---

① 李希玉：《对东北工程政治争论的批判性解释》，《东亚研究》，2007 年 8 月，第 10—11 页。

结　论
中韩文化交流面临的课题以及未来展望

中韩文化交流面临的课题

中韩文化交流已经进行了 20 多年。20 年的时间虽然不短，但中韩两国的交流在二战后曾经长时间中断，20 年的交流成果还不足以完全填补两国的交流空白期，难以弥补这段时间里两国之间产生的误解与疏远。相比中韩两国已经携手走过的旅程，今后我们还有更长的路需要共同前行，中韩文化交流不仅来日方长，而且还会大有作为。为了今后中韩两国间的文化交流能够顺利进行，我们需要认真分析到目前为止中韩交流中已经出现的问题。

第一，中韩之间的人员交流规模庞大，但缺乏监督和引导。两国民众对对方的关注与好感是国家间交流的润滑剂。但是，我们的研究发现，到中国观光的韩国人以及到韩国观光的中国人中，有很多人会因为不愉快的观光经历感到失望。两国教育部门针对来自对方国家留学生的管理教育工作中也存在着很多不尽人意之处。两国国民在工作的过程中也会遇到文化冲突。在这些领域里，我们还需要做很多细致的工作：例如开发适合对方国家民众的旅游商品，提高驻外企业员工对当地文化的理解等。留学生是引领未来中韩民间交流的人才库，对他们的教育和培养与两国关系的未来发展休戚相关，[①] 两国教育部应该出台相应制度督促本国学校严格选拔留学生，积极为留学生的学习和生活提供帮助。企业和政府相关部门应该积极录用其中的优秀人才，并为对方国家留学生提供更好的学习环境和工作机会。我们只有在今天耐心细致地做好人才培养工作，培养出更多的“知中派”、“知韩派”甚至是“亲中派”、“亲韩派”，才能保证中韩关系的长远健康发展。

第二，在中韩文化交流中，民族主义经常成为绊脚石。韩国社会有强烈的民族主义，中国人也有着强烈的爱国主义，中韩民间的历史争端、中韩网民的口水战、北京奥运会期间的中韩民众冲突[②]等事件中都伴随着这两种情感的对抗。[③] 每当中韩民众在一些问题上出现误解和立场差异，过激的民族主义情绪会使两国民众很快发生情感对抗，丧失思考、沟通和解决问题

---

① 有研究结果表明，在韩中国留学生的韩国留学经历没能使他们更喜欢韩国，反而使他们对韩国产生了更多的负面认识。在韩留学的中国留学生比起在中国学习的中国学生，他们的“反韩感情”更加强烈。详见徐亨：《在韩中国人反韩感情研究》，韩国外国语大学硕士学位论文，2010 年。

② 2008 年北京奥运会圣火到达韩国后，护送圣火的中国留学生与抗议“中国人权状况”的韩国市民发生了肢体冲突，韩国警察为了维持秩序而受伤。殴打韩国示威者的中国留学生被韩国警察拘捕，中国人对此激烈抗议。这一事件也是中韩两国民族主义的一次碰撞。

③ 在韩中国人对中国的主权和领土问题非常敏感，韩国人对此并不理解。很多韩国人受西方观点的影响支持“藏独”、“台独”。一项针对这一问题的调查研究显示，当问及中国人“韩国人认为台湾和中国不是一个国家，中国不应该干涉西藏问题，对此你怎么想?”时，52.7%的中国留学生表示“非常愤怒”。参见崔智瑛：《在韩中国留学生的韩国认识与民族主义研究》，载《国际政治论丛》，2011 年第 51 辑第 1 号，第 223 页。

的理性，从而使矛盾升级。“爱国”、“爱族”有其积极的社会意义，但是中韩两国社会在面对国际交流时需要对自身所持有的敌对排他性情绪进行反思。中国的外交中主张“求同存异”，强调“换位思考”，寻求“互利共赢”。这些都应该成为两国社会在交流中秉承的基本原则，实践这些原则，两国社会文化交流走向成熟、两国社会文化走向成熟的保障。

第三，中韩之间存在认识差异是必然的，要使这些认识差异不僵化成为两国间难以突破的交流障碍，政府、学术和媒体必须发挥积极的引导作用。中韩学术界之间，中韩媒体之间，学术与媒体之间，政府与学术、媒体之间都应该建立起有效的沟通机制。政府、学者专家与媒体应该紧密合作，在平时起到监督和引导中韩人文交流的作用，在发生问题时发挥应急处理作用。

第四，在中韩文化交流中，影视剧等文化内容产业的产品对于两国民众相互了解产生的影响很大，如果能够持续不断地制造出被各种年龄层所喜爱的文化产品，将会使两国间的文化交流繁盛不衰。迄今为止，在中国广受欢迎的“韩流”文化产品主要是青少年喜欢的歌舞以及年轻人和女性喜爱的偶像剧，大多描绘的是富裕人群的生活。今后，两国的影视业应该制作更多反映对方国家发展现状的节目，应该制作更多具有思想深度、能够打动知识阶层的文化商品。年轻人决定着中韩合作以及东亚地区合作的未来，两国青年人之间的文化交流尤其重要。我们应该面向两国年轻人开发更多的文化交流机会，[①] 为两国年轻人提供合作的舞台，鼓励他们共同创

① 李民子：《吸引青少年的韩流的魔力：中国的韩流》，载申允焕、李翰宇编：《东亚的韩流》，首尔：田艺苑，2006 年，第 164—167 页。

作文化产品。

第五，中韩娱乐产业之间的合作已经由单纯的贸易合作发展为共同投资、共同制作、共同消费，文化产业的融合在进一步深入。这种趋势值得鼓励，也需要两国政府进行监督和引导，以确保这种合作能够长期健康发展。从全球范围来看，中韩两国有着相似的东亚文化基因，在今天以美国文化为主导的文化全球化的背景下，两国的文化产业都在尝试着如何以新的叙事方式向世界呈现自身的文化。中韩文化产业的融合有助于两国创造出更具有全球竞争力的东亚文化产品。如果这种文化产品在世界文化市场上获得成功，反过来也会推动东亚地区文化共同体的形成。

第六，中韩文化交流存在着不均衡的问题。现在进入中国的韩国文化产品有连续剧、电视综艺节目、电影和流行音乐等，无论种类还是数量都很多。但是，进入韩国的中国文化商品无论是种类还是数量都非常少。[①] 中国文化产品在韩国市场上缺乏竞争力是一个重要原因，韩国影视剧市场的自我保护政策也起到了作用。与此同时，我们还应该看到，被介绍到韩国的中国文化产品的题材过于单一，几乎都是历史剧和武侠剧，难以展示今天的中国。[②] 介绍中国革命以及改革开放后社会变革的文化作品在韩国非常少见，今后我们应该有意识地向韩国民众介绍更多反映中国近现代历史以及当代现实情况的文化作品，以增进韩国民众对中国的理解，消除他们对中国社会的偏见和误解。

---

① 朴光海和詹德斌都曾经批评韩国进口中国电视剧太少。详见朴光海：《中韩文化交流的现状及问题》，2007 年；詹德斌：《韩国对中国的“认识赤字”》，新华网，2007 年 4 月 4 日。

② 李双龙：《中韩相互形象形成的背景分析——“韩流”和“汉潮”现象给我们的启示》，载《韩国研究论丛》，第 10 辑，2003 年，第 73—92 页。

第七，中韩文化交流的健康发展需要政府的政策支援。政府应该对中韩文化交流的方向和重心有所规划，并制定中长期的支援方案。现在中韩政府主导的文化交流大多是一次性的，民间的交流计划反而更有目的性和连续性。但中韩文化交流的基调不应该由民间来决定，而是应该由政府指出明确的目标和方向，民间交流才能在政府制定的框架内取得更好的成效。例如类似大规模长期的青少年互访活动就需要政府出面组织，两国文化产品要想更加畅通无阻地在两国之间交流也需要政府的政策调节。

第八，中韩文化交流需要摆脱国家利己主义。我们在文化交流中不应该过分强调自身的文化优秀性，不应该过分追求文化交流带来的经济利益。文化交流要符合本国的利益和目的，但如果经济动机以及民族优越感过于强烈，就很难实现通过文化进行交流和沟通的目的。在文化领域里，我们应该尝试如何超越国家利益，为国际社会服务，在文化交流的平台上创造更多的公共产品。中韩两国应该怀有发展东亚文化的抱负，在这一层面上为世界文化做出更大的贡献。在东亚文化的旗帜下，中韩两国的文化交流有很多可以利用的资源和平台。[①] 中韩文化交流不应该仅仅以增进中韩友好为目标，中韩两国还应该合作制造更多具有东亚文化气质的文化产品，为整个亚洲的文化发展乃至共同繁荣做出贡献。

---

① 韩国在处理与美国或者与东亚的国际关系时难以避免要考虑中国，中国在世界舞台上以及在处理与美国的关系时也难以避免要考虑韩国。

中韩文化交流的前景展望：走向东亚

在全球化的背景下，未来的中韩文化交流应该追求全球化背景下发展创造东亚文化。迄今为止，“韩流”、“日流”和“中国风”在东亚地区相互竞争也相互融合，相互复制也相互印证，在这样的过程中，东亚形成了特有的文化圈。东亚各国已经不仅仅是各自学习西方，同时也在互相参考。东亚国家的文化如果能够超出单一国家的界限而相互融合，形成交流更加紧密的东亚文化共同体，那么东亚文化将更加丰富多彩，这种文化共同体将更加有利于东亚地区国家间的融合。[①] 当然，在美国资本所主导的全球化以及地区化的潮流下，东亚文化区能否推动东亚区域一体化的形成还非常令人怀疑。东亚是一个想象的空间，是一个在血缘、地缘、文化、语言以及历史经验等方面有着相似性的地区。历史上，这一地区的政治体制曾经都以儒家文化为核心，都有过重农轻商的农业文明，都拥有汉字和印刷术，并且以古代中国为中心进行朝贡贸易。当然，有人主张也应该关注东亚国家之间的文化差异，东亚国家之间有很大的文化差异，甚至于难以直接沟通。[②] 对于东亚地区是否存

---

① 李熙玉指出在创造民族性与普遍性的对话空间的同时，还应该积极摆脱民族国家的局限，以区域为单位讨论“文化共同体”。也就是说要追求“民族主义民主化”，通过横向联合建立沟通体系。李熙玉：《中国与东亚 2010 年：中国与韩半岛》，载《东亚简报》（Eastasia Brief），2010 年第 5 卷第 1 号，第 50—55 页。

② 李熙玉在研究了有关东亚文化共同体的论述后指出，除了要努力构建东亚认同之外还要充分认识东亚国家之间的文化差异性，对这些差异的产生进行历史研究。申允焕（李旭渊：《影响韩中关系未来的东亚认同》，《第 1 次韩中未来对话论文集》，2007 年 9 月 17—18 日，第 12 页）指出东亚文化共同体内部的交流几乎不可能，为了东亚三国能够进行文化交流首先要研究三个国家是如何接受西方文化的。

在共同的区域文化，我们还应该继续研究。如果过于强调这一地区国家之间的文化相似性，有可能反而妨碍区域文化的构建。在讨论东亚文化共同体时，我们应该本着文化共存而不是文化相同的心态。

中韩文化交流有助于构建东亚文化共同体。从这一角度来看，“韩流”是一个重要的亚洲文化事件。有人提议东亚国家应该推动各种文化交流，共同开发文化产品。虽然现在还不存在东亚各国共同参与的文化交流项目，但已经有一些东北亚国家或者东亚多国共同参与的文化交流平台。[①] 在东北亚，中日韩三国轮流举办中日韩文化产业论坛，讨论如何合作发展三国文化产业。2007 年，中日韩三国文化部部长会议在江苏省南通市召开，会议通过了《南通宣言》。[②] 2009 年，第 5 次中日韩文化交流论坛在杭州召开，主题为“面向未来的中日韩交流”。近来，中日韩三国合作创作的电视连续剧和电影也不断问世，这种合作不仅局限于共同投资，还包括共同选剧本、选制作人、选演员，共同制作并且共同进行市场宣传。除此之外，还有人主张要创立东亚电视频道，设立东北亚文化合作机构（NACO：Northeast Asia Cultural cooperation Organization），以此促进东北亚三国文化的交流和融合。这些倡议都非常有意义。可以说，在东北亚，中日韩三国共同参与的文化交流已经起步。[③] 通过文化交流可以增进东亚国民之间的相互理解和信赖，

---

① 东亚文化交流机构和协会非常多，有东亚和平论坛、东亚国际大学、东亚知识分子论坛、东亚作家会议、东亚市民联合会与基金会、东亚文化联合会、东亚青少年论坛、东亚体育论坛、东亚地区研究论坛等。

② 2007 年 9 月召开的“为强化东北亚文化合作而进行的第 1 届韩中日文化部部长会议”值得关注。参见 http：//www. mct. go. kr/web/notifyCourt/press/mctPressView. jsp？pMenuCD＝0302000000&pSeq＝8893，检索日期：2007 年 12 月 3 日。

③ 金秀伊编著：《韩流与 21 世纪文化展望》，青铜镜出版社，2006 年。

建立起东亚文化共同体意识，为东亚国家之间的友好关系夯实基础。不仅如此，建立东亚文化共同体也有利于提升东亚文化在全世界的影响力。但要实现上述设想，就需要在文化交流的过程中抛弃文化霸权主义思维，要有超国境的胸襟，要有积极吸收他国文化的姿态。①

中韩两国虽然地缘相近、历史经验相似，但在文化交流的过程中却出现了诸多矛盾。东亚地区存在不同的政治体制，很多国家近代都曾遭受列强侵略，历史上的国家间关系也非常复杂，文化交流中隐藏着很多容易引发矛盾的因素。文化交流虽然会引发矛盾，但也能够消除矛盾，因为文化是一个国家展示自己，并与其他国家进行沟通的重要媒介。在整个东亚地区，为了促进各国的相互理解和共同繁荣，我们应该积极推动各国之间文化交流，通过文化交流打破以国家为界的文化国境线，在东亚各国之间建立紧密的文化交流共同体。我们可以尝试通过文化交流解决本地区共同面临的一些地区性问题。例如，治理大气污染等环境问题就是亚洲地区共同面临的问题，而要合作解决这一地区的环境问题就需要首先形成共同的环境意识，就离不开文化交流。②

中韩文化交流是一座通往东亚文化交流的桥梁，为东亚的今天和将来贡献了很多新的思路。如果文化交流能够演变为现实中的文化运动，如果我们能够对新自由主义倾向的单一方向的文化流动进行充分反思，如果我们将中韩文化交流

---

① 林春城指出要有“超国家”（trans-nation）、“脱领土”（deterritory）、“脱边境”（trans-border）的问题意识，详见林春城：《对于中国大众文化如何接纳韩国文化的超国家研究》，载《中国学报》，第57卷，2008年，第4—5页。

② 李禹荣等：《东北亚文化共同体行程中的国家作用——管理的观点》，经济人文社会研究会，2006年，第27页。

看作通往东亚区域文化建设的一段路程，中韩文化交流就会突破地区界限，变得更加包容，具有更大的影响力和更深远的意义。

附录一

中韩政府联合公报

中韩建交联合公报

1992年8月24日

一、中华人民共和国政府和大韩民国政府根据两国人民的利益和愿望，决定自一九九二年八月二十四日起相互承认并建立大使级外交关系。

二、中华人民共和国政府和大韩民国政府同意根据《联合国宪章》原则，在相互尊重主权和领土完整、互不侵犯、互不干涉内政、平等互利、和平共处原则的基础上发展持久的睦邻合作关系。

三、大韩民国政府承认中华人民共和国政府为中国的唯一合法政府，并尊重中方只有一个中国、台湾是中国的一部分之立场。

四、中华人民共和国政府和大韩民国政府相信，两国建交将有助于朝鲜半岛形势的缓和与稳定，也将有助于亚洲的和平与稳定。

五、中华人民共和国政府尊重朝鲜民族早日实现朝鲜半岛和平统一的愿望，并支持由朝鲜民族自己来实现朝鲜半岛的和平统一。

六、中华人民共和国政府和大韩民国政府商定，按照一九六一年《维也纳外交关系公约》在各自首都为对方大使馆的建立和履行其职务提供一切必要的协助，并尽快互派大使。

建立“全面合作伙伴关系”的中韩联合公报
2003 年 7 月 8 日

一、应中华人民共和国主席胡锦涛的邀请，大韩民国总统卢武铉于 2003 年 7 月 7 日至 10 日对中国进行国事访问，受到中国政府和人民的隆重欢迎和热情接待。访问期间，胡锦涛主席同卢武铉总统举行了会谈，卢武铉总统会见了中华人民共和国全国人民代表大会常务委员会委员长吴邦国、国务院总理温家宝、国家副主席曾庆红。在会谈和会见中，双方就进一步发展中韩友好合作关系和共同关心的地区及国际问题深入交换了意见，达成广泛共识。

二、中韩两国领导人全面回顾和总结了建交 11 年来两国睦邻友好合作关系的发展，对双方在政治、经济、社会、文化等各个领域合作取得的显著成就表示满意，认为这不仅给两国人民带来了巨大利益，也为促进本地区的和平、稳定与繁荣作出了重要贡献。两国领导人一致同意并宣布，以《联合国宪章》原则、中韩建交联合公报精神以及两国间业已存在的合作伙伴关系为基础，面向未来，建立中韩全面合作伙伴关系。

三、双方各自介绍了国内形势以及对外政策。中方高度评价韩国政府为发展经济、促进朝鲜半岛及地区和平与繁荣所作的积极努力。韩方赞赏中国政府推进改革开放以及现代化建设取得的成就，高度评价中国奉行的与邻为善、以邻为伴的睦邻外交方针。

四、双方一致认为应维护朝鲜半岛和平与稳定，确保朝鲜半岛无核化地位，确信朝核问题可以通过对话和平解决。中方主张，朝鲜的安全关切应得到解决。韩方强调，朝核问题应以可验证、不可逆转的方式完全解决。双方认为今年4月举行的北京会谈是有益的。韩方赞赏和支持中方为推动北京会谈作出的努力。双方希望由北京会谈开始的对话势头继续下去，使局势向积极的方向发展。中方赞赏韩方为改善南北关系、缓和紧张局势所采取的积极措施，支持韩方作为朝鲜半岛事务当事者发挥建设性作用。双方同意就包括朝核问题在内的朝鲜半岛问题进一步加强协调与合作。

五、中方重申，世界上只有一个中国，台湾是中国领土不可分割的一部分。韩方对此表示充分理解和尊重，重申中华人民共和国政府是代表中国的唯一合法政府，韩国将继续坚持一个中国立场。

六、双方认为，中韩高层交往和两国政府、议会、政党之间的交流对促进两国的全面合作具有重要意义。为此，双方将加强两国领导人之间经常性互访和会晤，拓宽和完善合作与对话机制。

七、双方认为，扩大和深化两国经贸合作，符合两国共同利益，有利于两国的共同发展。同意成立联合小组研究双边经贸合作规划。双方同意采取积极措施，推动两国贸易的健康、顺利发展，坚持在发展中求平衡的原则，共同努力改善贸易不平衡状况。双方同意，按照互利互惠、友好协商的精神，预防并妥善解决贸易中发生的问题。商定尽快建立质量监督检验检疫磋商机制。双方同意修改中韩投资保护协定，共同为扩大双方的投资合作营造良好环境。

八、双方同意，努力开辟新的合作领域和合作方式，探讨面向未来的经济合作关系。双方积极评价并同意继续加强两国在整车生产、金融、CDMA 等领域的合作。同意在此基础上，加强在新一代信息通信技术、生物工程、新材料等高新技术领域的共同研究与产业化合作，扩大在流通、资源开发以及能源、交通等基础设施建设领域的交流与合作。双方同意加强在环境保护和环保产业领域的合作，商定共同举办由两国政府、行业、学术界及有关团体参加的“中韩环保产业投资论坛”。同意继续加强在沙尘暴监测、荒漠化防治和生态建设等领域的合作。韩方表示积极支持 2008 年北京奥运会、2010 年上海世博会和中国的西部大开发计划，中方表示欢迎韩国企业积极参与。

九、双方认为，“2002 中韩交流年”活动取得成功，同意在此基础上对每年举办“中韩交流节”问题予以研究。加强两国文化交流及文化产业合作。双方同意，进一步扩大两国教育、体育、新闻等领域和友好团体、青少年以及两国友好省市之间的交流，巩固两国人民友好合作的基础。韩方高度评价中国政府和人民在抗击非典方面所取得的重大成果。中方感谢韩方对中国防治非典给予的支持和帮助。双方同意加强两国在传染病防治等领域的交流合作。双方同意扩大两国航空合作，逐步推进航空自由化，以适应两国间人员往来迅速增长的需求。双方同意加强在领事、司法领域的合作，开展双方执法部门之间的磋商和人员交流，为两国人员的正常往来提供法律保障。双方对两国签署《中韩民事和商事司法协助条约》、《中韩关于标准化和合格评定的合作安排》和《中韩两国工程院工程科技合作谅解备忘录》表示欢迎。中方同意韩方在成都设立总领事馆。希望上述措施为发展两国关系，扩大两国间的交流与合作作出贡献。

十、双方同意致力于推动亚太地区正在兴起的区域合作进程。支持以东盟与中韩日为渠道不断扩大和深化东亚合作，为地区和平与共同繁荣作出贡献。双方认为，加强中韩日合作有利于促进东亚合作的发展，期待三国经济研究机构对建立中韩日自由贸易区的经济影响进行的联合研究取得积极成果。双方同意继续在联合国、世界贸易组织、亚太经济合作组织、亚欧首脑会议等地区和国际事务中加强协调与合作，并为 2005 年在韩国召开的亚太经济合作组织领导人非正式会议的成功举行进行密切合作。双方同意在打击毒品、国际恐怖活动、金融经济犯罪、海盗、高科技犯罪等非传统安全等领域加强合作。

十一、双方对卢武铉总统访华取得的积极成果表示满意，一致认为卢武铉总统此行对未来两国关系的长远发展具有重要意义。卢武铉总统对中方的盛情款待表示感谢，并邀请胡锦涛主席在方便的时候访问韩国。胡锦涛主席对此表示感谢，并愉快地接受了邀请。

进一步深化“全面合作伙伴关系”的中韩联合公报

2005 年 11 月 17 日

一、双方高度评价两国自 1992 年中韩建交以来在外交、安全、经济、社会、文化、人员交流等各领域的交流与合作所取得的重要进展。双方对 2003 年 7 月《中韩联合声明》得到有效落实表示满意，一致认为双方政治互信不断加深，各领域交流与合作日益扩大和深化，中韩全面合作伙伴关系已进入新的发展阶段。双方一致认为，按照两国全面合作伙伴关系的精神，不断巩固和发展两国睦邻友好合作，符合两国人民的根本利益，也将为本地区和世界的和平、稳定与繁荣作出积极贡献。双方一致同意，继续扩大和深化两国各领域的交流与合作，从发展中韩友好合作大局出发，妥善处理两国关系发展过程中出现的问题，共同努力推动中韩关系长期、健康、稳定地向前发展。

二、双方欢迎第四轮北京六方会谈发表的共同声明，认为该声明就实现六方会谈的目标和原则达成一致，为实现半岛无核化奠定了重要基础。双方认为，有关各方应继续显示诚意和灵活，认真落实该声明，推动会谈进程不断取得进展。中方欢迎朝鲜半岛南北和解合作进程取得的积极进展，重申将继续坚定不移地支持南北双方改善关系，最终实现和平统一。中方赞赏韩方为改善南北关系、维护半岛和平与稳定所作的努力，希望并支持韩方作为半岛事务直接当事方，继续为此发挥积极作用。双方同意继续为实现朝鲜半岛及东北亚的和平与共同繁荣而合作。双方对东北亚地区的交流与合作日益加强表示欢迎，同意就推动东北亚区域合作和一体化进程积极开展合作。中方赞赏韩方的和平与繁荣政策，韩方高度评价中方为东北亚和平与发展发挥的建设性作用。

三、中方强调，世界上只有一个中国，台湾是中国领土不可分割的一部分。韩方对此表示充分理解和尊重，重申中华人民共和国政府是代表中国的唯一合法政府，表示韩方将继续坚持一个中国的立场。

四、双方一致认为，两国高层交往和政府、议会、政党间的交流对增进双方相互理解与信任，促进两国全面合作伙伴关系的持续深入发展具有重要意义。双方同意继续保持高层互访势头，进一步加强两国领导人的经常性会晤。双方支持两国议会尽快建立高层定期交流机制，支持两国政党、团体开展各种形式的交流与合作。双方同意进一步加强两国外交部门之间的磋商与合作。商定设立两国外长热线，以便随时进行沟通。建立两国副外长级定期磋商机制，讨论共同关心的问题。进一步活跃双方外交当局各个层次的定期磋商机制。双方同意继续加强两国国防、安全领域的对话和接触，扩大两军交流。双方积极评价2002年在北京举行的首次中韩外交安全对话，商定于2006年在首尔举行第二次外交安全对话，并努力使之机制化。

五、双方满意地指出，两国经贸关系日益密切，给两国人民带来了实际利益，有利于两国的共同发展与繁荣。双方高度评价两国联合研究小组根据2003年两国元首的共识完成的《中韩经贸合作中长期发展规划联合研究报告》，认为该报告应成为今后两国扩大贸易、投资等中长期经贸合作的重要指针。双方对两国年贸易额有望于2005年提前3年实现1000亿美元目标感到高兴，商定继续共同努力，争取到2012年中韩建交20周年时两国贸易额达到2000亿美元。双方同意积极努力，推动两国贸易在发展中逐步实现平衡。韩方表示将为此采取派遣采购团等措施，继续做出积极努力。韩方宣布，承认中国的市场经济地位。双方对中韩双边自贸区民间联合研究2005年启动后取得的进展表示高兴，希望两国研究机关就此继续进行深入探讨，在两年内如期完成研究报告并向政府提出政策建议。双方同意，进一步加强和完善两国经贸科技联合委员会、经济部长会议等对话与合作机制，不断拓宽两国经济合作的领域和渠道。双方同意，加强正在运行中的中韩贸易救济机构合作会议机制，按照互利互惠、友好协商的精神，预防并妥善处理贸易中发生的问题。双方商定尽快启动质量监督检验检疫高层磋商机制，通过对话协商解决食品安全、动植物检验检疫等质检领域的问题，开展商务信息交流与合作。双方同意为扩大双方的投资合作创造良好环境提供必要支持，尽快就修订《中韩投资保护协定》达成协议，使之适应两国相互投资不断扩大的需要。双方对《中华人民共和国商务部和大韩民国产业资源部关于扩大贸易救济领域合作的备忘录》和《中华人民共和国商务部和大韩民国产业资源部关于促进两国贸易投资发展的备忘录》的签署表示欢迎，希望以签署上述备忘录为契机，为两国企业提供更好的商务环境。双方积极评价两国在高新技术、基础设施、服务业及大型项目领域的合作，商定按照《中韩经贸合作中长期发展规划联合研究报告》的建议，积极落实双边贸易投资便利化五项措施，进一步加强两国在信息通信、汽车、钢铁等十二项重点产业领域的合作。双方同意在信息、生物工程、新材料等高新技术领域开展更为密切的合作，扩大科技信息交流，促进有关科研成果的共享和有效利用。双方同意促进环境保护技术的联合研究及应用，继续加强在循环经济、沙尘暴监测、荒漠化防治、清洁填埋场管理、填埋场沼气发电等领域的合作。双方同意，在下一代互联网、新一代移动通信、开放源码软件等信息通信领域开展更加密切的合作，推动有关合作发展到更高水平。双方同意，在向尚未享受到信息化成果、难以步入信息社会的亚洲和世界其他国家贫困人口提供接触信息的机会等方面开展合作，共同努力消除国际间数字鸿沟。双方对能源问题给世界经济发展造成的影响表示关注，同意研究建立两国石油进口对话机制的可能性，鼓励能源企业开展交流与合作，本着平等互利、相互协商的原则发展两国在能源领域的合作。双方同意继续加强在石油储备、电力建设及可再生能源等领域的交流。双方同意继续完善两国间流通及物流合作机制，共同推动整个东北亚的物流合作，定期举行两国海上运输合作部长级会议。双方同意，在现有基础上进一步加强两国在传统医药和传染病防治等领域的交流与合作。双方同意，加强在禽流感防治领域的信息交流与合作。韩方表示将继续参与2008年北京奥运会、2010年上海世博会和中国的西部大开发、振兴东北老工业基地并提供合作。中方对此表示欢迎。

六、双方同意，进一步扩大两国文化、教育、旅游、体育、新闻等领域和友好团体、友好省市等之间的交流，不断巩固两国人民友好合作的基础。双方商定，将2007年即中韩建交15周年定为中韩交流年。两国政府将认真筹划、组织各种活动，使之成为进一步增进两国民间交流与理解的重要契机。双方一致认为，青少年交流对两国关系未来发展具有重要意义，高度评价《中韩青少年交流协议》两年来的落实情况。为进一步活跃两国青少年交流，中方宣布从2006年起每年增加邀请100名韩国青年访华。韩方对每年邀请500名中国青年访韩项目在增进中国青年对韩国的了解和两国青年间的友谊方面所取得的良好成果感到高兴。双方同意，为适应两国经贸、人员往来迅速发展的要求，继续扩大航空、海运合作，逐步推进航空、海运自由化。韩方表示愿为中国航空公司开通从中国至济州的航线提供最大便利。双方积极评价两国文化联委会今年5月通过的《2005至2007年度中韩文化交流计划》，同意根据该计划定期互派文化领域的专家、演艺人员及相关公务员，推动学术交流和文化产业合作。中方欢迎韩方在西安设立总领事馆，韩方欢迎中方设立中国驻韩国大使馆驻光州领事办公室。双方同意尽快签署《海上搜救协定》，以确保海上人员及财产的安全；继续加强领事、司法等领域的合作，为两国正常经济活动和人员往来提供法律和制度保障。双方对《中华人民共和国国家林业局与大韩民国山林厅关于东北虎合作繁殖协议》的签署表示欢迎，希望该文件的签署及落实能有利于进一步增进两国人民间的友谊与合作。

七、双方同意继续在东盟与中韩日（10+3）、东亚峰会、中韩日合作、东盟地区论坛（ARF）、亚太经合组织（APEC）、亚欧会议（ASEM）、亚拉论坛等各种区域及次区域、跨区域机制中进行密切合作，促进域内自贸区研究和建设，推动区域合作进程。双方认为，面对21世纪的机遇和挑战，国际社会有必要进一步加强有效的多边合作机制。双方商定在联合国等国际事务中继续保持合作。双方支持联合国进行必要和合理的改革，认为联合国改革应有助于加强多边主义、提高联合国的权威和效率以及应对新挑战和新威胁的能力，有助于使联合国机制更加透明、更加民主、更具代表性。双方强调，安理会改革应在充分协商、达成最广泛一致的基础上，朝着对联合国全面改革产生积极影响的方向进行。双方同意在打击毒品、国际恐怖主义、金融经济犯罪、海盗、高科技犯罪、宗教极端主义等非传统安全等领域加强合作。双方同意为釜山亚太经合组织领导人非正式会议的成功举行进行合作，并为亚太地区的共同繁荣而长期努力。

八、双方对胡锦涛主席访韩取得的积极成果表示满意，一致认为此访对未来两国关系的发展具有重要意义。胡锦涛主席对韩国政府和人民热情、友好、隆重的接待向卢武铉总统表示感谢，并且邀请卢武铉总统在方便的时候再次访华。卢武铉总统愉快地接受了邀请。访问具体时间由双方通过外交途径商定。

建立"战略合作伙伴关系"的中韩联合公报
2008 年 5 月 28 日

一、应大韩民国总统李明博邀请，中华人民共和国主席胡锦涛于 2008 年 8 月 25 日至 26 日对韩国进行国事访问。访问期间，胡锦涛主席同李明博总统举行会谈，达成广泛共识。

二、两国元首对 1992 年中韩建交以来，两国关系在政治、经济、社会、文化等各领域取得的巨大发展表示满意，认为这不仅促进了两国的发展，也为亚洲乃至世界的和平与发展做出了积极贡献。

三、李明博总统对中国成功举办北京奥运会表示祝贺。胡锦涛主席对李明博总统专程出席北京奥运会开幕式以及韩方对北京奥运会的支持表示感谢。

四、双方一致认为，中韩关系对双方而言均是重要的双边关系。双方决定在 2008 年 5 月李明博总统访华时双方发表的《中韩联合声明》基础上，全面推进中韩战略合作伙伴关系。双方将以实现长期共同发展为基本目标，全方位扩大和深化相互合作，加强在地区和国际重大问题上的协调，为推动建设持久和平、共同繁荣的世界，为人类的发展与进步贡献力量。为此，双方决定从以下方向推动两国关系发展：

（一）增进政治信任，相互支持和平发展。保持并加强两国高层往来。扩大和深化两国政府、议会、政党的交流与对话。加强防务对话与交流。

（二）深化互利合作。本着优势互补、互利共赢的原则，不断发掘双方新的合作领域，拓展合作的广度和深度，通过务实合作，促进两国的可持续发展。

（三）促进人文交流。以双方悠久的交往历史和深厚的人文纽带为依托，广泛开展交流，加深两国人民的相互理解和友好感情。

（四）加强在地区及全球性问题上的协调与合作。共同致力于维护朝鲜半岛及东北亚的和平与稳定。积极参与亚洲区域合作。加强在国际多边舞台上的对话与合作。就攸关人类生存与发展的重大问题积极开展合作。

五、韩方表示将通过和解与合作发展相生共荣的南北关系。中方重申继续支持南北双方推进和解与合作进程，改善关系，最终实现和平统一。在台湾问题上，韩方重申 2008 年 5 月《中韩联合声明》中的立场，继续坚持一个中国政策。

六、为发展两国关系，双方决定重点在以下具体方面开展合作：

（一）政治领域

1. 两国高层领导人将保持经常性互访和接触。

2. 于 2008 年内举行首次外交部门高级别战略对话，以此启动旨在就涉及两国共同利益的重大问题交换意见的战略对话机制。将两国外交部工作层业务磋商机制化，以加强在对外政策及国际形势方面的沟通。

3. 由两国专家学者就全面推进中韩交流与合作开展联合研究，并向两国政府提交相关报告。

4. 开展两国防务当局高层互访，加强相互联络机制，开展多层次、多领域交流合作。

5. 尽早解决中韩海域划界问题对于两国关系的长期稳定发展具有重要意义，为此将加快协商。

（二）经贸领域

6. 共同努力将双边年贸易额达到2000亿美元的目标提前至2010年实现，为此在贸易投资便利化、质量检验检疫、贸易救济、知识产权等领域加强合作。

7. 根据2008年5月两国元首达成的共识，继续推进《中韩经贸合作中长期发展规划联合研究报告》的调整和补充工作。

8. 为扩大两国经贸合作，进一步加强两国经贸磋商和贸易实务合作机制。

9. 进一步加强在环保、信息通信、金融、物流、能源等重点领域的合作。

10. 扩大相互投资有利于两国经济互利发展，为此加强政府层面的合作与支持，努力营造良好的投资环境。

11. 在中韩自贸区官产学联合研究的基础上，根据互惠原则，积极研究推进中韩自贸区进程。

12. 为成功举办2010年上海世界博览会和2012年丽水世界博览会，双方签署《中国2010年上海世博会与韩国2012年丽水世博会合作交流谅解备忘录》等协议，加强合作，分享经验，交流信息。

13. 根据两国政府间协议，启动雇佣许可制劳务合作，保护两国劳务人员的合法权益。

14. 欢迎双方金融领域互利合作所取得的成果，在两国金融机构进入对方金融市场方面加强合作。

15. 两国有关部门和企业签署《关于信息技术创新合作的谅解备忘录》，进一步加强和发展在信息技术领域的合作。

16. 为建设环境友好型、资源节约型社会相互开展积极合作。

17. 加强在应对地震、海啸、台风等自然灾害领域的交流与合作。

18. 签署《开展节能领域合作的谅解备忘录》，推进节能咨询、人员交流、技术开发等合作。

19. 双方共同意识到保护地球生态环境的重要性，一致同意签署《防治沙漠化科学技术合作的谅解备忘录》，通过开展合作研究、专家交流和信息交换等方式，促进和加强双方在防治沙漠化领域的科学技术合作。

20. 签署《合作运行与维护中韩经贸合作网站的谅解备忘录》，开通两国经贸合作网站，提供最新贸易投资信息。

21. 签署《高技术领域合作的谅解备忘录》，今后5年在电子信息、通信技术、新能源等领域开展合作，积极发掘高技术合作项目。

22. 签署《进出口水产品卫生管理协议》，加强在水产品进出口检验检疫、法律信息交流、水产品检疫人员互访等卫生管理方面的合作。

（三）人文交流领域

23. 将目前600万人次左右的年人员往来规模进一步扩大，为此提供一切必要的便利，包括研究采取签证便利化措施。

24. 将2010年和2012年分别定为中国访问年和韩国访问年，届时举办旅游等多种双边交流活动，促进两国人员往来。

25. 中方宣布将中国驻韩国大使馆驻光州领事办公室升格为中国驻光州总领事馆，韩方对此表示欢迎。

26. 签署《2008—2010年教育交流与合作协议》，将互换政府奖学金生名额从每年40名增加至60名，每年邀请青少年互访，实施青少年交流计划。

27. 活跃两国文化界、媒体、友城、学术界、民间团体间的交流，增进相互理解，支持两国民间团体在文化和媒体领域开展交流活动，支持两国学术机构开展历史、文化等领域交流。

28. 签署《中国赠送朱鹮以及朱鹮繁殖和种群重建合作的谅解备忘录》，中方决定向韩方赠送一对朱鹮，韩方对此表示感谢，双方决定加强拯救濒危物种朱鹮的合作。

（四）地区和国际事务

29. 继续加强在六方会谈框架内的沟通与合作，推动尽快全面均衡落实第二阶段行动，为全面落实“9·19 共同声明”做出建设性努力。

30. 在东盟与中韩日（10+3）、中韩日、东亚峰会、东盟地区论坛、亚太经合组织、亚洲合作对话会、亚欧会议、东亚—拉美论坛、亚洲—中东对话、亚非峰会等方面保持协调与合作。

31. 建立两国外交部门联合国事务磋商机制，加强在联合国事务中的相互理解与合作。

32. 推进在国际人权领域的对话与合作。

33. 在防止大规模杀伤性武器扩散和打击国际恐怖主义、毒品、金融经济犯罪、高科技犯罪、海盗等问题上加强合作。

34. 与国际社会一道，为应对气候变化这一全球共同关心的问题做出不懈努力。

七、双方一致同意，为认真落实上述各领域共识，充分利用两国外交部门高级别战略对话、经贸联委会、旅游部长会议等双边机制，进行具体规划并予有效推进。

八、中方对韩方在胡锦涛主席访韩期间给予的热情友好接待表示感谢。

中韩面向未来联合声明
2013年6月27日

一、两国关系发展方向及原则

（一）评价两国关系发展

双方一致认为，建交以来两国本着“相互尊重、平等互利、和平共处、睦邻友好”的精神，在各领域取得令人瞩目的成果。双方一致认为，两国历史性的建交和过去20多年双边关系发展，为实现两国的繁荣，增进两国人民福祉，维护朝鲜半岛和平与稳定，实现亚洲的共同繁荣作出了积极贡献。

（二）两国关系发展方向

双方一致同意，以两国关系发展成果为基础，不仅在双边、地区层面，而且在维护国际社会和平与繁荣层面进一步推进两国间的战略合作伙伴关系。双方决定，今后共同大力发展两国在政治安全、经济贸易、社会文化等领域的合作。在朝此方向推进过程中，双方一致认为，两国新政府将在未来5年间共同合作，把增进国民幸福和人类社会福祉作为优先施政目标和重要驱动力。

（三）两国关系发展原则

根据上述共识，双方提出了今后两国关系发展的基本原则：一是提高相互理解和相互信任；二是加强面向未来的互利合作；三是尊重平等原则和国际关系准则；四是为地区及国际社会和平稳定与共同繁荣、增进人类福祉作出贡献。

二、充实战略合作伙伴关系

（一）重点推进领域

基于以上基本原则，双方同意，应在互信的基础上充实中韩战略合作伙伴关系，为此重点推进以下三个领域合作：

第一，加强政治安全领域战略沟通。为此，两国领导人密切沟通，全方位、多层次推进两国政府、议会、政党、学术界等多种主体间的战略沟通，进一步提高战略互信。由此，为促进中韩关系发展、朝鲜半岛和东北亚的和平稳定、推动地区合作以及为解决全球性问题共同作出贡献。

第二，进一步扩大经济、社会领域合作。为此，在扩大现有合作的同时，持续发掘新的合作领域和项目。特别是，双方再次确认，中韩自贸区的目标应是一个包含实质性自由化、广泛领域的高水平、全面的自由贸易协定。双方还对完成模式谈判所取得的实质性进展表示欢迎，并指示两国谈判团队加强努力，使中韩自贸区谈判尽早进入下一阶段。与此同时，将通过确保国民健康和安全，共同努力提高生活质量，为创造新的增长动力增进交流。由此，为增进两国互惠互利、增进两国国民和人类福祉作出贡献。

第三，促进两国国民间多种形式交流，积极推进加强两国人文纽带活动。为此，积极推进两国学术、青少年、地方、传统艺术等多种人文领域的交流合作。进一步促进两国公共外交领域的合作和各种形式的文化交流。由此，增进两国国民间的相互理解和信任，夯实两国关系长期稳定发展的基础。

（二）具体行动计划

为切实推进上述三个重点领域合作，双方通过联合声明的附件，确定以下述五点为中心的具体行动计划：

第一，推动领导人通过频繁互访和会晤、互致函电、互派特使、互通电话等方式进行经常性沟通。推动建立中国主管外交的国务院负责人和韩国总统府国家安保室长对话机制。推动两国外长互访机制化，开通两国外长热线。推动两国外交部门高级别战略对话增至每年 2 次。推动举行两国外交安全对话、政党间政策对话、国家政策研究机构联合战略对话。

第二，进一步加强经贸合作，加强宏观经济政策协调，共同应对国际金融危机等外部经济风险，持续拓展信息通信、能源、环境、气候变化等面向未来领域的合作。为分享在医疗卫生、食品安全、人口结构变化等社会领域发展经验，努力加强、扩充各种协商渠道。

第三，为加强人文纽带，成立“中韩人文交流共同委员会”，作为政府间协调机构。委员会每年定期举行会议，确定有关交流合作项目，并指导其落实。加强教育、旅游、文化、艺术、体育等领域的多种交流，同时将合作把以上领域交流合作扩大至国际舞台。

第四，在两国国民间交流过程中，在便利人员往来、保护其安全与合法利益等方面加强领事合作。

第五，加强在地区及国际舞台上的合作。

三、朝鲜半岛问题

韩方介绍了“朝鲜半岛信任进程”构想，表示此构想旨在缓和朝鲜半岛紧张，构建持久和平。中方欢迎朴槿惠总统提出的“朝鲜半岛信任进程”构想，高度评价韩方为改善南北关系、缓和紧张所作的努力。双方一致认为，南北双方是朝鲜半岛问题的直接当事者，应通过政府间对话等，为解决朝鲜半岛问题发挥积极作用。韩方对朝继续进行核试验表示担忧，明确表示在任何情况下都不承认朝拥核。双方一致认为，有关核武开发严重威胁包括朝鲜半岛在内的东北亚及世界和平与稳定。双方确认，实现朝鲜半岛无核化、保持朝鲜半岛和平与稳定符合各方共同利益，一致同意为此共同努力。双方一致认为，包括安理会有关决议和9·19共同声明在内的国际义务和承诺应予切实履行。双方决定积极努力，在六方会谈框架内加强各种形式的双边、多边对话，为重启六方会谈积极创造条件，以实现朝鲜半岛无核化等目标。韩方赞赏中方为维护朝鲜半岛和平与稳定所作努力，希望中方今后继续发挥建设性作用，推动朝鲜半岛发生有利于地区和平与稳定的新变化。中方重申，支持朝鲜半岛南北双方通过对话增进信任、改善关系，最终实现朝鲜民族所期盼的和平统一。

四、台湾问题

中方重申，世界上只有一个中国，台湾是中国领土不可分割的一部分。韩方对此表示充分理解与尊重，将继续坚持中华人民共和国政府是代表中国的唯一合法政府和一个中国的立场。

五、地区和国际事务合作

（一）中韩日三国合作

双方一致认为，中韩日三国合作对三国各自发展和东北亚的和平与共同繁荣具有十分重要的作用。为此，双方一致认为，应推动以三国领导人会议为首的三国合作机制稳定向前发展，商定为今年第六次三国领导人会议成功举行共同作出努力。

（二）东北亚和平合作构想

双方一致认为，当前亚洲地区经济发展和相互依存度不断加深，但政治安全合作相对滞后，特别对最近因历史及由此引起的问题，域内国家间对立和互不信任加深的不稳定情况持续存在表示担忧，商定共同致力于实现构建域内信任与合作的共同目标。在此背景下，中方对朴槿惠总统提出的“东北亚和平合作构想”予以赞赏和原则支持。

（三）地区及国际问题上的合作

双方一致同意，共同致力于增进地区安全，实现共同繁荣。在大规模杀伤性武器扩散、国际恐怖主义、网络犯罪、毒品、海盗、金融经济犯罪、高科技犯罪、核能安全等威胁国际社会安全和人类福祉的各种跨国性问题上加强相互合作。为此，双方决定，在有关地区及国际合作机制中密切开展合作。双方一致认为，应进一步扩大开放性的区域合作，同意在东盟与中韩日（10＋3）、东亚峰会（EAS）、东盟地区论坛（ARF）、亚太经合组织（APEC）、亚欧首脑会议（ASEM）等机制内继续保持政策协调与配合。双方一致同意，尊重联合国宪章精神，进一步密切在国际社会和平与共同繁荣、尊重人权等事务中的合作。以韩国担任2013年至2014年度联合国安理会非常任理事国为契机，加强两国在联合国层面的合作。双方一致同意，进一步加强在二十国集团（G20）等国际经济合作机制中的合作，共同致力于实现世界经济强劲、可持续、平衡增长。此外，双方在中韩日自贸协定（FTA）、区域全面经济伙伴关系（RCEP）等东亚自贸协定讨论过程中密切开展合作。

充实中韩战略合作伙伴关系行动计划

2013年6月28日

一、增进政治合作

（一）全面加强战略对话

双方将通过活跃现有对话渠道、新设多层次对话渠道，全面加强两国间战略对话。双方将充分利用双边访问和国际会议契机，并通过互致函电、互派特使、互通电话等方式，进一步加强两国领导人间的沟通，对共同关心的问题进行深入讨论。双方建立中国主管外交的国务院负责人和韩国总统府国家安保室长对话机制。双方推动两国外长互访机制化，开通两国外长热线，就战略问题加强协商。双方将两国外交部门高级别战略对话由每年 1 次增至每年 2 次，对战略问题进行深入讨论。双方推动举行两国外交安全对话。双方支持设立政党间政策对话，在两国政党间分享治国理政等经验。双方每年举行两国国家政策研究机构联合战略对话。

（二）推动解决有关问题

双方再次确认两国海域划界对推动双边关系长期稳定发展和推动海洋合作十分重要，决定为推进海域划界进程，尽早启动海域划界谈判。双方对中韩渔业联合委员会等渔业问题现有相关协商机制的良好运作予以积极评价，欢迎中韩外交部门牵头的渔业问题会谈定期举行。双方商定，为保护渔业资源，加强渔业生产秩序，继续增进沟通与合作，加强两国渔业水产和有关部门间联合监管等合作机制，建立中韩水产合作研究机制，扩大包括水产高级别会议在内的人员、技术交流。双方决定，增进历史研究方面的相互交流与合作，努力为两国关系发展作出贡献。与此相关，双方决定，鼓励两国学术界在史料发掘、查阅和研究等方面开展相互交流与合作。

二、扩大经贸合作

（一）贸易投资

双方对当前地区及世界经济形势进行评价，将加强宏观经济政策协调，共同应对外部经济风险，反对贸易保护主义，以实现共赢的发展与增长。双方将通过签订《中华人民共和国商务部与大韩民国产业通商资源部关于提升中韩经贸合作水平的谅解备忘录》，加强双边经贸合作。双方为实现 2015 年贸易额达到3000亿美元目标，将持续扩大两国间贸易。双方积极努力，逐步实现贸易平衡。积极支持对方国家主办各种展会，并鼓励更多企业参与。双方一致认为，签署高水平、全面的中韩自贸协定，将有助于两国建立贸易投资的相关制度性安排，符合未来两国经贸合作和构筑两国间战略互信的需要。双方将为推动谈判不断取得进展而加强努力。此外，双方将在中韩日自贸协定（FTA）、区域全面经济伙伴关系（RCEP）、亚太贸易协定谈判、大图们倡议（GTI）、中韩日泛黄海经济技术交流会议等亚洲地区经济一体化进程中密切合作。双方重申对世界贸易组织多边贸易体制的支持，继续努力推动多哈回合谈判，维护多边贸易体制良好发展。双方基于随着贸易投资增加有必要增进经贸合作的认识，将通过召开中韩投资合作委员会等各种契机，举行两国商务部长会谈，建立司局级经贸合作协调机制，加强两国间贸易投资合作。双方将通过两国地方政府加强多层级、多种形式的地方经济合作，支持建立产业合作园，带动地方经济发展。双方将为营造良好投资环境继续合作，加大努力扩大相互投资。共同努力扩大中国企业对韩投资和韩国企业对华投资，特别是相互对新兴产业领域和对中国中西部地区、东北地区的投资，支持韩国企业参与中国新型城镇化发展战略。双方将进一步活跃中韩经济部长会议、中韩经贸科技联委会、贸易务实会议等主要经济协商机制，并继续发掘新的合作领域。双方将加强品牌、营销网络建设方面的合作，共同开展企业交流、培训等活动。双方将加强高新技术领域合作，继续轮流举办中韩技术展示暨洽谈会。双方将进一步加强中韩雇佣许可制相关努力。双方一致认为，在为增进两国间贸易、投资营造更加友好的环境方面，企业社会责任（CSR）活动作用十分重要，双方将积极推动开展有关活动。双方支持韩国中国商会和中国韩国商会的工作，相关部门将不定期与商会和投资企业举行座谈会，听取意见和建议。双方欢迎签订《中华人民共和国海关总署和大韩民国关税厅关于中华人民共和国海关企业分类管理制度与大韩民国进出口安全管理优秀认证企业制度的互认安排》（AEO 互认安排），期待这有助于今后两国企业通关便捷化和扩大贸易。

（二）面向未来的合作领域

双方商定，为加强信息通信领域合作，决定在中国工业和信息化部与韩国未来创造科学部间建立中韩信息通信合作部级战略对话，定期就信息通信、网络安全、互联网地址资源管理、国家信息化、云计算等双方共同关注的重要议题进行探讨和交流。双方同意推动两国研究机构和企业之间就培育未来移动通信技术，特别是就第五代移动通信技术、标准及新业务等加强合作。双方决定，加强中国科技部和韩国未来创造科学部等相关机构间在大气科学、海洋、生命科学、新材料、信息通信技术（ICT）等科技领域的战略性重大共同研究，并共享其成果。此外，双方将推动两国研究机构间在重大基础科学领域的交流与合作。双方通过签订《中华人民共和国科技部和大韩民国产业通商资源部关于进一步加强应用技术研发与产业化合作的谅解备忘录》，加强在新材料、新能源与可再生能源技术、生物技术等战略性新兴产业领域的技术合作，扩大共同研发。鼓励双方共建企业合作创新中心。双方签订《中华人民共和国国家发展和改革委员会与大韩民国产业通商资源部关于进一步加强节能领域合作的谅解备忘录》，推动建立中韩两国节能领域合作机制，发掘研究机构间共同研究等节约能源提高能效领域的具体合作项目，并共同加以推进。双方将在环境友好型城市、智能城市相关信息共享及示范项目等可持续城市开发领域加强合作。双方将适时召开两国航空会谈，以探讨进一步扩大双边航空运输市场的可能性。双方欢迎签订《中国进出口银行与韩国输出入银行互惠风险参与协议》（RRPA），以促进两国企业共同进入第三国市场。双方将在贸易结算领域推动本币结算，并深化金融货币合作。两国在2011年10月续签本币互换协议时将规模扩大为3600亿元人民币/64万亿韩元，该协议为维护金融市场稳定、促进双边贸易经济增长发挥了积极作用。双方同意在2014年10月协议到期时延长协议有效期，并考虑未来进一步延长有效期。未来随着金融市场发展形势、双边贸易量及双方本币结算的进展，双方可考虑提高本币互换协议规模。此外，双方欢迎在清迈倡议多边化机制（CMIM）等域内金融合作领域所取得的进展，将进一步加强合作。双方将在大气环境、沙尘暴、生物多样性及环境产业领域加强交流合作。双方一致认为，加强应对气候变化双边和多边合作具有重要意义，同意就气候变化国际谈判和应对气候变化国内政策与行动举行定期对话与交流，并推动开展相关领域的务实合作项目。双方将推动在海洋科研、海洋环境保护、海洋经济、极地研究、大洋勘探开发、海上执法等海洋领域的合作和共同研究。双方一致认为，有必要为增进东北亚地区核能安全进行合作，相互努力加强信息共享、技术合作、建立核事故早期通报等合作机制。双方将在既有合作基础上，进一步加强知识产权领域交流合作，推进知识产权创造、运用、保护、管理相关互惠合作项目。双方将继续合作，确保《中华人民共和国政府和大韩民国政府社会保险协定》的顺利实施。双方商定，在两国医疗机构间合作、共享医疗保险运作经验、基础医学和传统医学的交流与合作等卫生医疗领域积极开展交流合作；为预防新变种传染病大流行并阻断其传播，在信息共享、人员交流及建立共同应对体系等方面继续开展合作。两国决定，支持卫生医疗交流，合作建立沟通机制，以保护两国患者安全。双方商定，为应对人口结构急剧老龄化趋势，在建立老年人收入保障体系等社会福利政策领域扩大合作，在老龄亲和产业、抗老化共同研究等应对老龄化技术开发方面加强合作。双方将在引入两国间实地核查制度、建立应急体系等旨在确保食品安全、阻断危害因素方面加强合作，就医药品、医疗器械领域 GMP 相互认证等设立、运行局长级协商机制。双方将就包括农村开发在内的两国农业和农村经济政策进行交流，并加强两国在家畜传染病防疫、农业科技和卫生检疫等领域的合作。双方将促进渔业资源保护及管理政策共享等水产领域的合作。

三、加强人文交流

（一）加强人文纽带

双方一致认为，为使中韩战略合作伙伴关系发展到更高水平，缩短两国国民间心理距离、构筑更加坚实的信任十分重要，为此将加强中韩间的人文纽带。双方为加强中韩人文纽带，将成立“中韩人文交流共同委员会”，作为政府间协调机构，由两国外交部副部级官员任代表。该委员会今后每年举行会议，审议、确定相关具体项目，并指导其落实。

（二）支持人员交流和旅游、体育、物种保护合作

双方再次确认，两国青少年肩负着中韩关系的未来，其交流十分重要，将就今后大幅扩大青少年交流具体方案进行协商。双方将鼓励两国学生到对方国家学习和进修，继续致力于互换奖学金留学生。双方将继续推进中学生互访交流。双方将重视两国高校合作，不断充实两国大学生之间的交流。双方将通过相互指定“汉语年”、“韩语年”，为提高两国对对方国家语言的理解、活跃语言相互交流项目相互开展合作。双方将就

邀请汉语辅助教师赴韩和派遣韩国教师赴华加强相互合作。双方将通过扩大两国间公共外交领域合作，提高两国国民对对方国家的理解和认识，为此今年新设中韩公共外交论坛。双方愿积极努力促进中韩文化关系持续发展。双方将鼓励文化艺术团体通过各种契机互访，开展艺术领域的共同创作。尽早举办中韩文化产业论坛，继续推动两国文化产业合作。双方将推进电影、电视、游戏、音乐剧等文化产业领域合作，加强共同制作及流通。双方将在《中华人民共和国政府和大韩民国政府文化合作协定》框架内，推动签订新一轮文化交流执行计划。双方进一步扩大中韩间地方层面人文交流与合作。双方意识到，两国互为重要旅游市场，两国间持续、健康发展的旅游交往对增进两国国民感情、推动两国友好关系发挥了重要作用。双方一致同意，继续鼓励两国旅游业界扩大产业合作。双方将加强体育领域交流。中方积极支持韩国举办 2013 年亚洲室内武道运动会、2014 年亚运会、2018 年平昌冬奥会，韩方积极支持中方举办 2013 年亚洲青年运动会、2013 年东亚运动会、2014 年青年奥运会。双方将推动举办中韩青少年体育交流大会、中韩群众体育交流活动。双方签订《中华人民共和国国家林业局与大韩民国环境部关于中韩朱鹮合作的谅解备忘录》，中方向韩方提供 2 只朱鹮，加强两国就恢复濒临灭绝物种的合作。

四、扩大领事领域合作

双方欢迎两国以此次元首会谈为契机签订《中华人民共和国政府和大韩民国政府关于互免持外交护照人员签证的协定》，并将致力于在中长期扩大互免签证范围。双方为给两国人员交往提供更多的法律保障，将争取尽早签署双边领事协定。双方将加强包括驻对方国家使领馆在内的政府间相互合作，保护彼此海外国民。

五、推进地区和国际合作

双方将从战略高度和长远角度看待中韩日三国合作，一致认为，在此前合作成果基础上构筑三国间互信十分紧要。由此，双方商定，探讨稳定发展三国合作机制，加强三国合作秘书处职能作用。双方将推动经济一体化作为三国合作的未来方向，加强可持续发展合作，在扩大人文社会交流及地方合作同时，为三国和地区的和平、稳定、繁荣作出更大贡献。双方再次确认，联合国对于解决全球性问题具有重要作用，商定在联合国事务中保持密切合作。双方将继续进行密切协商，在尊重《联合国宪章》宗旨与原则的前提下，推动联合国改革朝着提高联合国透明性、民主性、代表性方向发展。双方将在东盟与中韩日（10+3）、东亚峰会（EAS）、东盟地区论坛（ARF）、亚太经合组织（APEC）、二十国集团（G20）、亚洲合作对话（ACD）、亚欧首脑会议（ASEM）、亚拉论坛（FEALAC）等多边机制中保持协调与合作。韩方积极配合中方成功举办2014年APEC第二十二次领导人非正式会议。双方在发展合作领域保持对话和交流，并在尊重发展中国家意愿的基础上，探讨有助于发展中国家农业和农村发展开发合作的可能性。双方将在防止大规模杀伤性武器扩散、国际恐怖主义、毒品、金融经济犯罪、高科技犯罪、核能安全、网络犯罪、海盗等问题上加强合作。双方将为今年在首尔举办的网络空间国际会议和在大邱举办的世界能源大会（WEC）取得成功开展合作。

六、以元首会谈为契机签订的文件

双方对以此次元首会谈为契机，签订《中华人民共和国政府和大韩民国政府关于互免持外交护照人员签证的协定》、《中华人民共和国国家发展和改革委员会与大韩民国产业通商资源部关于进一步加强节能领域合作的谅解备忘录》、《中华人民共和国科技部和大韩民国产业通商资源部关于进一步加强应用技术研发与产业化合作的谅解备忘录》、《中华人民共和国商务部与大韩民国产业通商资源部关于提升中韩经贸合作水平的谅解备忘录》、《中华人民共和国海关总署和大韩民国关税厅关于中华人民共和国海关企业分类管理制度与大韩民国进出口安全管理优秀认证企业制度的互认安排》（AEO 互认安排）、《中华人民共和国国家林业局与大韩民国环境部关于中韩朱鹮合作的谅解备忘录》、《中华人民共和国国家海洋局和大韩民国海洋水产部海洋科学技术合作谅解备忘录》、《中国进出口银行与韩国输出入银行互惠风险参与协议》表示欢迎。

附录二

重要文化协定

中华人民共和国政府和大韩民国政府文化合作协定

1994 年 3 月 28 日

中华人民共和国政府和大韩民国政府（以下简称缔约双方），为加强两国间的友好关系和促进两国在教育、科学、文化艺术、新闻、广播、电影、电视、出版、青少年和体育领域的交流与合作，达成协议如下：

一、缔约双方将根据两国现行的法律、法规，在平等互利的基础上，促进和鼓励两国间文化合作的发展。

二、缔约双方将以下列方式促进两国教育、科学方面的合作：

（1）鼓励、支持双方教师、学者、专家互访、进修、讲学；

（2）缔约一方应在互惠的基础上，鼓励其有关部门、院校为缔约另一方提供奖学金和在本国学习、科研条件；

（3）鼓励两国的高等院校进行交流与合作；

（4）鼓励两国教育机构互换教科书和其他教育性书籍、

资料；

（5）鼓励参加在对方举办的国际学术会议，并为其提供方便。

三、缔约双方将研究互相承认对方主管教育机构签署或授予的学位、毕业证及其他证书的问题。

四、缔约双方将以下列方式鼓励两国文化艺术界的合作，促进两国人民间的相互了解：

（1）互派作家、艺术家及从事文化、艺术活动的其他人员；

（2）互派艺术团、艺术家及从事表演艺术人员进行访问演出；

（3）鼓励两国文化机构和文艺组织间建立友好关系；

（4）举办缔约双方均同意的其他交流活动。

五、缔约双方将在互利的基础上，鼓励各自有关部门为对方客观地向本国人民介绍其文化艺术提供便利。

六、缔约双方将以下列方式促进出版方面的合作：

（1）鼓励翻译和出版对方优秀的文学艺术作品和科学作品；

（2）鼓励交换文化艺术方面的书刊和资料；

（3）鼓励合作出版图书、互派专家、团组和组织书展并参加在对方国家举办的图书展览活动。

七、缔约双方鼓励两国图书馆间建立交流与合作关系。

八、缔约双方根据各自国家的做法，在与本协定相一致的前提下，为对方国家的人民提供使用图书馆、博物馆、美术馆及其他文化、科学、教育机构的便利。

九、缔约双方鼓励交换文化、艺术、历史、科学领域和文物保护方面的资料，以及以上领域内的合作与研究；缔约双方将根据国际公约和本国法律采取措施禁止向缔约任何一方非法进、出口和转移文物并保证与缔约另一方有关机构合作，互通情报并采取措施将文物归还原主；缔约双方将鼓励文物方面的代表团互访。

十、缔约双方将在各自的官方出版物（如教科书、百科全书、文书、报纸及其他资料）中提供尊重对方国家的历史、地理事实，以便其人民获得有关对方国家的正确可信的信息。

十一、缔约双方鼓励在广播、电影、电视、新闻方面的交流与合作。

十二、缔约双方鼓励两国青年和青少年组织间的交流与合作，并在国际性青年活动中努力合作。

十三、缔约双方将加强体育方面的合作，鼓励体育组织间互访和参加在缔约另一方举办的各种体育活动。

十四、缔约双方在遵守各自国家现行法律、法规的前提下，将尽力确保有利于本协定各条款的实施；为实施与本协定有关的交流计划费用，将由双方各有关部门商定。

十五、缔约双方将成立一个混合文化委员会，该委员会每两年轮流在中华人民共和国和大韩民国召开一次会议，商讨执行本协定的有关事宜，并就本协定的有效实施提出新的建议。

十六、缔约双方为履行本协定的有关条款提供详细信息和文化合作的具体计划及项目。必要时，进行相互协商。

十七、缔约双方在必要时可通过协商对本协定进行修改和补充。

十八、本协定自签字之日起三十天后生效。有效期为五年。如缔约任何一方在期满六个月前未以书面形式通知另一方要求终止本协定，则本协定将自动延长五年；本协定的终止将不影响根据本协定实施的文化合作计划的效力或时间。

经其各自政府正式授权的下列代表，已在本协定上签字，以昭信守。

本协定于一九九四年三月二十八日在北京签订，一式两份，每份都用中文、韩文和英文写成，三种文本同等作准。如对文本的解释发生分歧，以英文本为准。

中华人民共和国政府和大韩民国政府
一九九五至一九九六年文化交流计划
1994年12月2日

中华人民共和国政府和大韩民国政府（以下简称“双方”），为加强两国间的友好文化关系和促进两国在文化艺术、教育、学术、新闻、出版、广播、电影、电视、体育、青少年及语言文字等领域的交流与合作，根据两国政府于一九九四年三月二十八日签订的文化合作协定，就两国政府一九九五至一九九六年文化交流计划达成协议如下：

第一条　文化艺术

一、双方各派遣五人组成的政府文化官员代表团互访七天。有关具体事宜，由中国文化部和韩国外务部商定。

二、双方各派遣由五人组成的中国文化部代表团和韩国文化体育部代表团互访七天。有关具体事宜，由中国文化部和韩国文化体育部商定。

三、双方各派遣五人组成的艺术教育考察团互访七天。

四、双方各派遣三人组成的图书馆代表团互访七天。

五、双方鼓励和支持两国各种艺术表演团体和艺术家之间的相互交流与合作。在计划期间，每年派遣艺术表演团体互访。有关互派艺术表演团体的次数、艺术团种类、规模、时间、费用等具体事宜，由中国文化部和韩国文化体育部商定。

六、双方鼓励对方代表（或代表团）参加在本国举办的国际比赛和国际艺术节等国际性文化艺术活动。

七、双方鼓励两国艺术教育部门的教授、讲师、学者进行交流和互访。

八、双方鼓励两国的青年艺术家和民族艺术家进行交流和互访。

九、双方鼓励两国舞蹈、话剧、传统艺术等方面的有关团体和艺术家进行互访演出，并鼓励对方的有关人员参加在本国举办的国际性艺术交流活动。

十、双方鼓励两国美术、书法部门间的交流与合作。

十一、双方鼓励中国艺术研究院和韩国艺术院建立交流与合作关系。有关具体事宜，由两院商定。

十二、双方鼓励中国美术馆和韩国国立现代美术馆建立交流与合作关系，有关具体事宜，由两馆商定。

十三、双方鼓励包括国家图书馆在内的两国图书馆建立交流与合作关系。鼓励两国主要图书馆专业人员的交流，并互换包括微缩胶片、电子出版物等在内的现代科技书刊等学术资料。

十四、为具体履行中韩文化合作协定第九条，双方鼓励两国文物主管部门派遣五人组成的文物代表团互访七天，并就博物馆及文物部门的交流事宜进行相互协商。

十五、双方鼓励中国文学艺术界联合会和韩国文化艺术振兴院等有关团体派遣代表团互访。具体事宜由有关部门商定。

第二条 教育学术

一、双方鼓励两国教育主管部门互派代表团考察了解对方国的教育情况。

二、双方鼓励两国教育主管部门互换信息资料以及共同举办学术会议。

三、双方鼓励两国的大学、研究机构以及重点实验室建立交流关系，就双方感兴趣的专业学科直接开展交流与合作。

四、双方鼓励两国大学的教授、教师、研究人员赴对方国任教、讲学及从事学术研究。

五、双方鼓励两国教育部门互换奖学金生，并鼓励本国公民自费赴对方国学习、研究，两国教育部门为他们的学习和研究提供方便。

六、双方鼓励两国的大学开展对方国语言教学和对对方国的有关研究，并在人员交流、教材、图书资料等方面予以支持。

七、双方鼓励两国的专家、学者对两国教科书的有关内容进行研究。

八、双方鼓励两国教育主管部门支持和促进两国的语言文字专家就汉字标准化问题进行合作。

第三条 新闻出版

一、双方鼓励中国新华通讯社和韩国联合通讯社建立交流与合作关系，并协助双方履行两国通讯社签订的协议。

二、双方鼓励两国新闻出版主管部门派遣代表团互访。

三、双方鼓励各自国家的优秀作品在对方国翻译出版。

四、双方鼓励两国的出版部门相互交换印刷技术方面的资料和信息。

第四条　广播、电影、电视

一、双方鼓励两国广播电视主管部门进行交流与合作，并协助双方广播电视部门履行签订的广播电视协议。

二、双方鼓励两国广播电视主管部门相互交流广播电视节目，包括交换反映日常生活、文化、科学、教育、体育、青少年、音乐节目在内的有关素材。

三、双方派遣电影主管部门的官员和电影艺术家组成的代表团互访。

四、双方在各自国内根据互惠原则，定期举办电影周和电影回顾展。有关具体事宜，由两国电影主管部门商定。

五、双方鼓励两国电影主管部门协商合拍影片，并为对方提供方便。

六、双方支持两国电影主管部门相互派遣代表或代表团参加在本国举办的电影节活动。

第五条　体育、青少年

一、双方鼓励中国国家体育运动委员会和韩国文化体育部建立交流与合作关系，并签订中韩两国体育部门合作协议。

二、双方鼓励相互邀请对方国体育代表团、选手和运动员参加在本国举办的国际、国内比赛及友好比赛。

三、双方鼓励两国体育主管部门经过协商进行以下交流：

（一）互换运动员和教练员；

（二）两国的体育运动队进行共同训练；

（三）相互邀请和举办两国体育官员、裁判员、教练员以及其他体育专业人员参加的研讨会等有关会议；

（四）为互换提高竞技水平和促进体育发展互换有关的出版物、影像资料和信息；

（五）相互举办旨在发展群众和学生体育以及人民健康、康复等方面的体育活动，并交流有关的资料；

（六）共同开展体育医学和体育科学的研究和知识普及活动；

（七）共同开展体育用品及器材的技术研究活动及信息交流。

四、双方在必要时可轮流在中国和韩国召开有关执行两国体育交流计划和体育教育、康复等方面发展问题的会议。

五、双方鼓励两国体育主管部门通过互相协商，达成两国一九九五至一九九六年体育交流计划。

六、双方鼓励两国青少年主管部门建立交流与合作关系，每年派遣青少年指导者组成的代表团互访。

七、双方鼓励相互邀请对方国家青少年参加在本国举办的青少年国际活动。

八、双方鼓励两国青少年主管部门通过协商在以下方面进行交流：

（一）每年相互邀请二十名青少年互访；

（二）相互交流有关青少年的信息和资料。

第六条　语言文字

一、双方鼓励中国国家语言文字工作委员会语言文字应用研究所和韩国国立国语研究院开展汉字标准化问题的研究。

二、双方鼓励中国国家语言文字工作委员会语言文字应用研究所和韩国国立国语研究院相互邀请对方代表团、考察团互访。有关具体事宜，由双方主管部门商定。

三、双方鼓励在北京或汉城召开第一次中、韩语言文字专家参加的国际学术会议。有关具体事项由双方主管部门协商确定。

第七条　其他及财政

一、本计划应在遵守各自国家现行法律、法规的前提下，尽力确保本计划各条款的实施。必要时，双方可通过外交途径，对本计划的实施进行相互协商。

二、本计划不影响双方根据两国政府于一九九四年三月二十八日签订的文化合作协定达成的现有交流计划的效力和时间以及其他交流计划和项目的实施。

不属本计划又确需追加的项目，在互惠原则下，由双方协商解决。

三、实施本计划的交流费用，由双方各有关部门协商解决。

四、双方决定中韩第二次文化共同委员会于一九九六年在汉城举行。有关第二次会议的具体事宜通过外交途径协商确定。

五、本计划书自签字之日起生效。

经其各自政府正式授权的下列代表，已在本计划上签字，以昭信守。

本计划于一九九四年十二月二日在北京签订，共两份，每份都用中文和韩文写成。两种文本同等作准。

中韩人文交流共同委员会第一次会议纪要

2013 年 11 月 20 日

根据中韩两国元首今年 6 月发表的《中韩面向未来联合声明》和《充实中韩战略合作伙伴关系行动计划》，中华人民共和国外交部副部长刘振民与大韩民国外交部第一次官金奎显于2013年11月19日在首尔举行中韩人文交流委员会第一次会议。中方外交部、文化部、教育部、国家旅游局、中华全国青年联合会、中华全国妇女联合会、中国人民对外友好协会，韩方外交部、教育部、文化体育观光部、女性家族部、韩国国际交流财团、全国市道知事协议会出席会议。

一、双方认为，中韩建交以来，两国在人文领域活跃开展交流，取得丰富成果，对此予以高度评价。双方一致同意，上述合作及其成果为中韩关系发展发挥了积极作用。

二、双方忆及两国元首关于加强人文纽带、成立并运行中韩人文交流共同委员会的共识，商定今后在该委员会机制下扩大发展两国人民间在人文交流领域的合作，由此进一步深化两国人民间的相互理解与感情纽带。

三、为夯实委员会的制度基础，双方达成以下共识：

1. 委员会会议每年举行一次，由两国轮流主办，评估双方正在开展的人文交流项目，审议确定新的交流项目。

2. 为处理委员会日常事务，双方决定成立并运行秘书处，由中国外交部亚洲司副司长和韩国外交部东北亚局审议官分别任秘书长。在委员会会议举行前1个月及必要时，双方秘书长举行工作磋商。

3. 为继续拓展委员会工作范畴、提高落实力度，双方将继续予以关心和努力。由此出发，双方将根据委员会今后运行情况，研究在委员会框架内设立有关领域协商机制的方案。

4. 双方商定，将以此次启动的委员会为核心，推动2014年度两国人文领域各个交流项目，具体工作规划由双方协商确定。

5. 双方决定，今后将保持密切沟通与协商，切实履行此次会议讨论的事项，商定明年下半年在中国举行委员会第二次会议。

参考文献

韩文参考文献

姜裕贞等:《从裴勇俊到文化政治》,青铜镜出版社,2006年。

权泰焕:《中国朝鲜族社会的变化》,首尔大学出版部,2005年。

金秀伊编著:《韩流与21世纪文化展望》,青铜镜出版社,2006年。

金翰奎:《辽东史》,文学和知性社,2003年。

金贤美:《全球化时代的文化翻译》,又一文化出版社,2005年。

南宗镐:《解决中韩两国间文化摩擦的沟通模型》,经济·人文社会研究会:《对中国综合研究合作研究丛书》(10-03-32),2010年。

文祥暝:《在中韩国留学生的生活空间研究》,诚信女子大学硕士论文,2004年。

文兴镐:《在韩中国留学生就业状况调查以及管理系统建设》,经济·人文社会研究会:《对中国综合研究合作研究丛书》（11－03－33），2011 年。

朴广成：《对在韩朝鲜族劳动者社会适应情况的研究》，首尔大学博士学位论文，2003 年。

白源谭：《东亚的文化选择，韩流》，首尔：Pentagram，2005 年。

徐亨：《对在韩中国人反韩感情的研究》，韩国外国语大学硕士学位论文，2010 年。

尹庚禹等：《对中国韩流成果的评价，以及促使韩流持续扩散的政策方案》，经济·人文社会研究会：《对中国综合研究合作研究丛书》（10－03－33），2010 年。

李奎泰等：《对韩国中国学与中国韩国学研究趋势的比较分析》，经济·人文社会研究会：《对中国综合研究合作研究丛书》（10－03－43），2010 年。

李曼：《对中国国内“反韩流”以及“反韩感情”形成因素的研究——以中国舆论报道以及网民的反应为中心》，庆熙大学硕士论文，2009 年。

李禹荣等：《国家在东北亚文化共同体形成中的作用：管理视角》，首尔：经济人文社会研究会，2006 年。

张秀显等：《韩流，中国为什么接受韩流》，首尔：学古房，2004 年。

蔡宝庆：《中国观众韩国连续剧收视情况以及媒体效果研究：对“韩流”现象利用和满足的理论探索》，首尔大学硕士论文，2004 年。

郑在浩：《中国崛起与朝鲜半岛的未来》，首尔大学出版文化院，2011 年。

赵韩惠贞：《韩流与亚洲的大众文化》，首尔：延世大学出版部，2003 年。

周盛逸：《对如何通过孔子学院提升中国软实力的政策研究》，经济·人文社会研究会：《对中国综合研究合作研究丛书》（10－03－36），2010年。

崔禹吉：《中国朝鲜族研究》，忠清南道：鲜文大学出版部，2005年。

崔慧实：《韩流文化与东北亚共同体》，首尔：集文堂，2010年。

姜宝裕：《世界的韩流：中国的韩流、韩国语教育以及韩国文化传播》，载《韩国语言文化学》，第4卷第1号，2007年。

高廷植：《韩国对中国经济的认识变化》，载《韩中社会科学研究》，第8卷第2号，2010年。

金强一：《中国朝鲜族社会指挥论》，《亚洲太平洋地域研究》，第3卷第1号，2000年。

金强一：《中国朝鲜族在韩民族共同体形成中的作用》，载《地方行政研究》，第15卷第1号，2001年。

金都姬：《韩中文化交流的现状和社会影响》，载《现代中国学会》，第9卷第2号，2008年。

金兴圭：《韩中关系评价与韩国的战略》，载《韩国国际政治学会学术会议发表资料集》，2011年。

金熙教：《韩流与建设中的韩中关系，2000年，10年》，载张秀显等：《韩流，中国为什么接受》，首尔：学古房，2004年。

闵贵植、詹德斌：《韩中关系与文化交流——两国长期滞留者的文化矛盾和文化适应》，成均中国研究所：《韩国—亚洲文化交流史3》，首尔：Imagine，2013年。

朴基伦：《外国人劳动者聚集区域的问题与对策》，《韩国民间警卫学会报》，第8号，2006年。

朴基秀：《从人文学角度思考韩流持续发展方案》，《人文内容》，第6号，2005年。

朴祥俊等：《韩国和中国新闻报道出现的韩国与中国国家形象研究》，《韩国航空经济学会志》，第6卷第1号，2008年。

薛东勋：《国际劳动力移动与外国人劳动者市民权研究——以韩国、德国和日本的案例为中心》，《民主主义与人权》，第7卷第2号，2008年。

申卿镇：《庆熙大学中国孔子学院作为国内第19家孔子学院开院》，《中央日报》，2010年4月26日。

申允焕：《东亚看韩流的眼睛》，载申允焕、李翰宇编：《东亚的韩流》，首尔：田艺苑，2006年。

辛义吉：《在韩朝鲜族的犯罪以及对策研究》，载《韩国刑事政策研究院》，1994年。

吴秀景：《全球化时代的韩中文化交流》，载《文化艺术》，10月号，2002年。

刘明基：《民族与国民之间：对于滞留韩国的朝鲜族的身份认识》，载《韩国文化人类学》，第35辑第1号，2002年。

刘祥徹：《中国的舆论媒体》，CHINDIA Plus，第7卷，2007年。

李民子：《吸引青少年的韩流的魔力：中国的韩流》，载申允焕、李翰宇编：《东亚的韩流》，首尔：田艺苑，2006年。

李旭渊：《两股韩流与韩中文化交流》，载《哲学与现实》，秋季号，2004年。

李旭渊：《对东亚共同体话题的反省》，载《东亚研究》，第52卷，2007年。

李旭渊：《影响韩中关系未来的东亚认同》，《第1次韩中未来对话论文集》，2007年9月17—18日。

李恩淑：《对中国韩流热浪的思考》，载《文学与影像》，第3卷第2号，2002年。

李钟玟：《改革开放以后中国人看韩国的眼睛》，《中国学论丛》，第15辑，2003年。

李俊雄：《中国人通过韩流形成的对韩国人的认识与情感》，载张秀显等：《中国的韩流，如何理解?》，首尔：学古房，2006年。

李俊泰：《韩中文化交流回顾与展望——以建交以后各领域的交流案例为中心》，载《东洋学研究》，第7辑，2001年。

李熙玉：《韩国对中国崛起的认识：视角与现实》，载《韩国与国际政治》，第25卷第4号，2009年。

李熙玉：《中国与东亚2010年：中国与韩半岛》，载《东亚简报》，第5卷第1号，2010年。

林春城：《对于中国大众文化如何接纳韩国文化的超国家研究》，载《中国学报》，第57卷，2008年。

林春城：《对于韩中文化沟通与联系的考察——中国的韩国文学翻译，以出版社为例》，载《外国文学研究》，第33号，2009年。

全圣兴：《韩国与中国的社会文化领域交流》，载《新亚细亚》，第17卷第2号，2010年。

全禹龙：《韩国近代的华侨问题》，载《韩国史学报》，第15号，2003年。

全亨权：《母国的神话，劳动力移动，出轨：从移民群体的视角解释朝鲜族的经历》，载《韩国东北亚论丛》，第38辑，2006年。

郑祥华：《中国朝鲜族认同的形成与构造》，载郑祥华等：《中国朝鲜族的中间集团性质以及韩中关系》，首尔：白山资料院，2010 年。

郑汝蔚：《超越解释追求创造和穿越——韩国文学的翻译，现在与未来》，载《创作与批评》，第 138 号，2007 年。

朱锋浩：《中国朝鲜族社会的变化与课题》，载《韩国东北亚论丛》，第 41 辑，2006 年。

崔升铉：《近代中国人韩国观变化过程研究》，载《中国人文科学》，第 30 辑，2005 年。

崔智瑛：《在韩中国留学生对韩国的认识以及民族主义倾向》，载《国际政治论丛》，第 51 辑第 1 号，2011 年。

河宗源、梁恩庆：《东亚电视的地域化与韩流》，载《放送研究》，第 21 卷第 2 号，2002 年。

韩国古代史学会、东北亚历史财团、林基焕：《中国的东北工程与韩国古代史》，首尔：主流城，2013 年。

韩尚俊：《加里峰洞——首尔的"延边村"》，《东亚日报》，2000 年 4 月 21 日。

韩鸿硕：《中国大众文化市场的形成与外国大众文化的接受：以韩流形成的时代背景为中心》，载张秀显等：《韩流，中国为什么接受韩流》，首尔：学古房，2004 年。

侯鹏：《韩中日民间交流的特点与作用》，载《韩中交流合作的历史与未来展望论坛资料》，东北亚历史财团，2007 年。

林春城：《对于中国大众文化如何接纳韩国文化的超国家研究》，载《中国学报》，第 57 卷，2008 年。

《对我国国外劳动力使用政策的反省》，《中央日报》，2001 年 10 月 22 日。

《韩流经济效果分析》，《朝鲜日报》，2005 年 3 月 15 日。

《“中国不是选修而是必修”，相关专业30 年里成长12 倍》《中央日报》，2009 年 9 月 28 日。

《东亚日报》，2012 年 1 月 13 日。

《东亚日报》，2012 年 4 月 9 日。

中文参考文献

董向荣、王晓玲、李永春：《韩国人心目中的中国形象》，社会科学文献出版社，2011 年。

王铁崖编：《中外旧约章汇编（1）》，三联书店，1957 年。

王晓玲：《中国人心目中的韩国形象》，中央民族出版社，2009 年。

林明德：《袁世凯与朝鲜》，“中央研究院”近代史研究所，1984 年。

张连锋：《论中韩文化交流的发展》，山东师范大学博士学位论文，2009 年。

詹小洪：《韩流汉风中国 VS 韩国：落后 10 年》，社会科学文献出版社，2006 年。

沈定昌、刘大军主编：《朝鲜半岛相关文献目录（1992—2005）》，辽宁民族出版社，2008 年。

何培忠主编：《当代国外中国学研究：韩国的中国研究机构》，商务印书馆，2006 年。

金秉稿等：《中国的少数民族政策与中国朝鲜族社会的政治意识、民族意识》，载金强一等：《中国朝鲜族社会的文化优势与发展战略》，延边人民出版社，2001 年。

江登云：《东南三国记》，朴现主编：《19 世纪在中国看到的韩国资料》，亚洲文化史，1999 年。

姜栽植：《中韩教育服务贸易的现状及对策建议》，《延边党校学报》，2010 年第 6 期。

高飞：《东亚地区合作机制构建中的历史文化因素》，韩国政治学会主办：《韩中建交 20 周年纪念国际学术研讨会论文集》，2012 年 7 月 26 日。

桂青山：《“韩流”现象的文化审视》，《电影艺术》，2002 年第 6 期。

金秉运：《韩流热潮与中国大学的韩国语教育》，《黑龙江民族丛刊》，2008 年第 4 期。

罗媛媛、陈久国：《“韩流”热对发展我国文化产业的启示》，《学习与实践》，2006 年第 5 期。

留佚阳、王乐鹏：《教育服务贸易视野下韩国来华留学生教育初探》，《甘肃联合大学学报（社会科学版）》，2008 年第 7 期。

朴光星：《赴韩朝鲜族劳工群体的国家、民族、族群认同》，《云南民族大学学报（哲学社会科学版）》，2010 年 3 期。

朴光海：《论韩中文化交流的发展》，山东师范大学硕士学位论文，2009 年。

朴光海：《中韩文化交流的现状及问题》，《当代亚太》，2007 年第 7 期。

朴今海、郑小新：《延边地区朝鲜族留守儿童的教育与监护问题》，《延边大学学报（社会科学版）》，2009 年 2 月。

徐东日：《朝鲜朝燕行使臣笔下的紫禁城形象》，《吉林大学社会科学学报》，2009 年第 49 卷第 6 期。

徐文吉：《中韩关系的回顾与中国的韩国学研究》，《东北